Jules Verne

Le tour du monde en quatre-vingts jours

Rédacteur : Christiane Stéfanopoli
Illustrations : Per Illum

EASY READERS · ER · LECTURES FACILES

Les structures et le vocabulaire de ce livre sont fondés sur
une comparaison des ouvrages suivants :
Börje Schlyter : Centrala Ordförrådet i Franskan
Albert Raasch : Das VHS-Zertifikat für Französisch
Etudes Françaises – Echanges
Sten-Gunnar Hellström, Sven G. Johansson : On parle français
Ulla Brodow, Thérèse Durand : On y va

Rédacteur de serie : Ulla Malmmose

ISBN Danemark 978-87-23-90231-3
www.easyreaders.eu
The CEFR levels stated on the back of the book
are approximate levels.

Easy Readers
EGMONT

Imprimé au Danemark

Jules Verne (1828-1905)

Jules Verne est né à Nantes. Après des études secondaires, il apprend le droit pour faire plaisir à son père. Mais en 1849, il se tourne vers la littérature et commence à écrire des pièces de théâtre. En même temps, il voyage beaucoup, se passionne pour la géographie et pour les techniques modernes. En 1862, il crée le genre du roman scientifique d'anticipation. Dès lors sa carrière artistique est toute tracée. Ses romans, comme « Cinq semaines en ballon » ou « Vingt mille lieues sous les mers », « Le tour du monde en quatre-vingts jours » remportent un énorme succès. En 1872, il entre à l'Académie d'Amiens et est couronné par l'Académie française. Auteur très populaire, il écrira, jusqu'à sa mort, environ deux livres par an. Le cinéma a repris ses grands romans.

I : Phileas Fogg et Passepartout

En 1872, la maison qui portait le numéro 7 de Saville Row, Burlington Gardens, *appartenait* à Phileas Fogg. On savait seulement que c'était un des plus beaux gentlemen de la haute société anglaise, qu'il était riche et membre du Reform Club de Londres.

Il passait ses journées au Reform Club. Il y lisait les journaux, jouait au *whist*, déjeunait et dînait à des heures chronométriquement réglées, dans la même salle, à la même table. Il ne rentrait chez lui que pour se coucher à minuit précis.

Phileas Fogg demandait à son *domestique* une précision extraordinaire. Ce jour-là, le 2 octobre, Phileas Fogg avait *renvoyé* James Forster parce qu'il lui avait apporté pour sa toilette de l'eau à quatre-vingt-quatre degrés Fahrenheit au lieu de quatre-vingt-six. Et maintenant il attendait son *successeur* entre onze heures et onze heures et demie.

A ce moment, James Forster a frappé à la porte.

– Le nouveau domestique, *a-t-il* dit.

Un garçon d'une trentaine d'années est entré. Assez grand et musclé, il avait une bonne tête un peu ronde avec des cheveux bruns et des yeux bleus.

– Vous êtes Français et votre nom est John ? a demandé Phileas Fogg.

– Jean, monsieur, a-t-il répondu, Jean Passepartout,

appartenir : être à quelqu'un
le whist : jeu de cartes qui ressemble au bridge
le domestique : personne qui sert dans une maison
renvoyer : mettre à la porte
le successeur : ici : le prochain domestique
a-t-il : il a

un nom qu'on m'a donné parce que je suis *débrouillard*. Mais je suis un honnête garçon, monsieur. En France, j'ai fait plusieurs métiers : j'ai été *chanteur ambulant*, *écuyer* dans un cirque ; puis je suis devenu professeur de gymnastique et enfin *sergent de pompiers*.

Puis, comme j'aimais beaucoup la vie de famille et le calme, je suis devenu domestique en Angleterre il y a cinq ans. Je me trouve actuellement sans place ; or, j'ai entendu dire que M. Phileas Fogg est l'homme le plus exact et le plus *casanier* du Royaume-Uni, voilà pour-

débrouillard : qui arrive toujours à trouver une solution
casanier : qui aime rester à la maison, chez soi

quoi je me présente ici avec l'espoir d'y vivre tranquille...

– Passepartout me *convient*, a répondu le gentleman. Vous m'êtes recommandé. J'ai de bons renseignements sur vous. Vous connaissez mes conditions ?

– Oui, monsieur.

– Bien, quelle heure avez-vous ?

– Onze heures vingt-deux, a répondu Passepartout, en regardant sa montre d'argent.

– Vous *retardez* de quatre minutes... Bon, à partir de ce moment, onze heures vingt-neuf du matin, ce mercredi 2 octobre 1872, vous êtes à mon service.

Cela dit, Phileas Fogg s'est levé – c'était un homme de quarante ans, grand, beau et blond, le type même de ces Anglais flegmatiques. Il a pris son chapeau de la main gauche, l'a placé sur sa tête d'un mouvement d'automate et a disparu sans ajouter un mot.

A onze heures et demie, Passepartout se trouvait donc seul dans la maison de Saville Row.

Il en a aussitôt commencé l'inspection. Cette maison propre, rangée, sérieuse, puritaine, bien organisée pour le service, lui plaisait. Passepartout a trouvé facilement sa chambre au second étage. Elle lui convenait. Sur la cheminée, une *pendule électrique* correspondait avec la pendule de la chambre à coucher de Phileas Fogg, et les deux appareils montraient exactement la même heure.

convenir : aller bien
retarder : être en retard
une pendule électrique : voir illustration page 8

une pendule électrique

Il y avait aussi, dans sa chambre, le programme du service *quotidien*. Il comprenait – de huit heures du matin, heure réglementaire à laquelle Phileas Fogg se levait, à minuit, heure à laquelle le méthodique gentleman se couchait – tous les détails du service.

Quant à la garderobe de monsieur, elle était très élégante et fort bien ordonnée. Chaque pantalon, habit ou *gilet* portait un numéro d'ordre indiquant la saison où ce vêtement devait être porté. De même pour les chaussures...

Après avoir tout examiné en détail, Passepartout était très heureux :

– Cela me va ! Un homme casanier et régulier ! Une vraie mécanique ! Eh bien, je suis très heureux de servir une mécanique !

quotidien : journalier, chaque jour
le gilet : vêtement porté sous une veste

II : Un grand *pari*

Arrivé au Reform Club, Phileas Fogg s'est aussitôt rendu à la salle à manger. Là, il a pris place à sa table habituelle. Son déjeuner comprenait un hors-d'oeuvre, un poisson bouilli avec une sauce, un roastbeef *saignant*, un gâteau, un morceau de chester, le tout accompagné de quelques tasses d'un excellent thé.

A midi quarante-sept, le gentleman s'est levé pour aller au grand salon. Là, le domestique lui a apporté le Times. La lecture de ce journal a duré jusqu'à trois heures quarante-cinq et celle du Standard jusqu'au dîner. Ce repas s'est passé dans les mêmes conditions que le déjeuner avec, en plus, de la royal british sauce.

A six heures moins vingt, le gentleman est revenu dans le salon pour lire le Morning Chronicle. Une demi-heure plus tard, quelques membres du Reform Club ont fait leur entrée. C'étaient les *partenaires* habituels de M. Phileas Fogg : l'ingénieur Andrew Stuart, les banquiers John Sullivan et Samuel Fallentin, le *brasseur* Thomas Flanagan et Gauthier Ralph, un des administrateurs de la banque d'Angleterre.

– Eh bien, Ralph, a demandé Thomas Flanagan, quelles sont les nouvelles à propos du vol ?

– Eh bien, a répondu Andrew Stuart, la Banque perdra sûrement son argent.

– Moi, j'espère, a dit Gauthier Ralph, que nous *attraperons* le voleur. On a envoyé des inspecteurs de police

le pari : on fait des paris aux courses de chevaux
saignant : très rouge
le partenaire : ici : personne qui joue avec une autre personne
le brasseur : fabricant de bière
attraper : prendre

en Amérique et en Europe. Il sera difficile à ce monsieur de se cacher.

– On a donc le *signalement* de cette personne qui a pris cinquante-cinq mille livres en billets de banque (1 million 375 000 francs) ? a demandé Andrew Stuart.

– Non, mais le Morning Chronicle assure que c'est un gentleman.

C'était Phileas Fogg qui venait de faire cette réponse. Et il a *salué* ses collègues.

Ce fait, que les journaux discutaient avec passion, s'était passé le 29 septembre. Pendant cette journée, on avait remarqué à la Banque d'Angleterre un gentleman bien habillé qui allait et venait dans la salle des *paiements*, théâtre du vol. *L'enquête* avait permis de faire son signalement, qui avait été adressé à tous les inspecteurs envoyés à Liverpool, au Havre, à Suez, à Brindisi, etc., avec promesse en cas de succès d'une prime de deux mille livres (50 000 F) et cinq pour cent de la somme retrouvée.

Pendant le jeu, les joueurs ne parlaient pas, mais entre les *robres*, la conversation reprenait.

– Je suis sûr, a dit Andrew Stuart, que le voleur a des chances.

– Allons donc ! a répondu Ralph, il n'y a plus un seul pays où il peut se cacher. La terre est devenue plus petite, puisqu'on en fait maintenant le tour en trois mois...

– En quatre-vingts jours seulement, a dit Phileas Fogg.

le signalement : la description
saluer : dire bonjour
le paiement : action de payer
l'enquête : un commissaire de police fait des enquêtes
le robre : une partie de bridge ou de whist comprend plusieurs robres

– En effet, messieurs, a ajouté John Sullivan, voici le plan établi par le Morning Chronicle :

De Londres à Suez par le Mont Cenis et Brindisi, trains et *paquebots* : 7 jours
De Suez à Bombay, paquebot : 13 jours
De Bombay à Calcutta, train : 3 jours
De Calcutta à Hong Kong (Chine), paquebot : 13 jours
De Hong Kong à Yokohama (Japon), paquebot : 6 jours
De Yokohama à San Francisco, paquebot : 22 jours
De San Francisco à New York, train : 7 jours
De New York à Londres, paquebot et train : 9 jours
Total : 80 jours

– Quatre-vingts jours, tout compris ! a répété Phileas Fogg.

– Théoriquement, vous avez raison, monsieur Fogg, a dit Andrew Stuart. Mais dans la pratique ! Je *parie* quatre mille livres (100 000 F) qu'un tel voyage est impossible.

– Très possible, au contraire, a répondu M. Fogg. Et je veux bien le prouver.

Et il a ajouté :

– J'ai vingt mille livres (500 000 F) déposées chez Baring frères. Je les risque volontiers...

– Vingt mille livres ! s'est écrié John Sullivan. Vingt mille livres qu'un retard *imprévu* peut vous faire perdre !

– L'imprévu n'existe pas, a répondu simplement Phileas Fogg.

– Mais, monsieur Fogg, ces quatre-vingts jours ne sont qu'un minimum de temps. Il faut sauter mathématiquement des trains dans les paquebots et des

le paquebot : grand bateau qui transporte des passagers
parier : faire un pari
imprévu : inattendu

paquebots dans les trains !

– Je sauterai mathématiquement, a répondu Phileas Fogg. Je parie vingt mille livres contre qui voudra que je ferai le tour de la Terre en quatre-vingts jours ou moins, soit dix-neuf cent vingt heures ou cent quinze mille deux cents minutes. Acceptez-vous ?

– Nous acceptons, ont répondu MM. Stuart, Fallentin, Sullivan, Flanagan et Ralph.

– Bien, a dit M. Fogg. Le train de Douvres part à huit heures quarante-cinq. Je le prendrai.

– Ce soir même ? a demandé Stuart.

– Ce soir même, a répondu Phileas Fogg. Et il a ajouté, en regardant son *calendrier* de poche :

– Puisque c'est aujourd'hui mercredi 2 octobre, je devrai être de retour à Londres, dans ce salon du Reform Club, le samedi 21 décembre, à huit heures quarante-cinq du soir, sinon les vingt mille livres déposées vous appartiendront.

A sept heures cinquante, Phileas Fogg a ouvert la porte de sa maison. Passepartout, qui connaissait le service, était assez surpris de voir M. Fogg à cette heure.

Phileas Fogg est monté dans sa chambre et a appelé :

– Passepartout !..

Passepartout s'est montré.

– Je sais, il n'est pas minuit, a dit Phileas Fogg... Mais nous partons dans dix minutes pour Calais. Nous allons faire le tour du monde.

Passepartout était stupéfait.

– Le tour du monde ! a-t-il *murmuré*.

le calendrier : contient les mois et les jours de l'année
murmurer : parler tout bas

– En quatre-vingts jours, a répondu M. Fogg. Nous n'avons pas un instant à perdre... Préparez un sac de voyage, seulement avec deux chemises de laine, trois paires de chaussettes. Autant pour vous. Nous achèterons le reste en route. Vous descendrez mon imperméable et ma *couverture* de voyage. Prenez de bonnes chaussures. Allez.

Pour Passepartout, qui voulait rester tranquille, cela paraissait être une mauvaise plaisanterie, mais à huit heures, il avait préparé le sac. M. Fogg était prêt lui aussi. Il portait sous son bras le « Bradshaw's Continental Train Steam Transit and General Guide », qui devait lui donner toutes les indications nécessaires à son voyage.

Puis Phileas Fogg a pris le sac des mains de Passepartout et l'a rempli de billets de banque tout neufs.

– Vous n'avez rien oublié ? a-t-il demandé à son domestique. Alors prenez le sac et gardez-le bien. Il y a maintenant vingt mille livres dedans (500 000 F).

Le *maître* et le domestique sont descendus. Ils ont fermé la porte de la rue à double tour et sont montés dans un *fiacre*.

A la gare, une pauvre *mendiante*, tenant un enfant à la main, *pieds nus*, s'est approchée de M. Fogg et lui a *demandé l'aumône*. M. Fogg a tiré de sa poche les vingt guinées qu'il venait de gagner au whist et les a données à la mendiante.

Passepartout était tout *ému*. Son maître avait fait un pas dans son cœur.

la couverture : on met des couvertures sur un lit pour tenir chaud
le maître : ici : personne qui a un domestique
le fiacre : voiture tirée par un cheval
la mendiante, pieds nus, demandé l'aumône : voir illustration page 14
ému : touché

la mendiante demande l'aumône

pieds nus

Phileas Fogg a demandé à Passepartout de prendre deux billets de première classe. Puis il a aperçu ses cinq collègues du Reform Club.

– Messieurs, je pars, a-t-il dit, et je ferai *apposer* les divers visas sur mon passeport pour vous permettre de contrôler mon *itinéraire*.

– Oh ! monsieur Fogg, a répondu poliment Gauthier Ralph, c'est *inutile*. Nous savons que vous êtes un gentleman.

A huit heures quarante-cinq, le train s'est mis en marche.

apposer : mettre dessus
l'itinéraire : la route
inutile : le contraire d'utile

III : Apparition de l'inspecteur Fix

La nouvelle du pari *s'était répandue*, d'abord dans le Reform Club, puis aux journaux, au public de Londres et enfin à tout le Royaume-Uni. Tout le monde commentait cette « question du tour du monde ». Et puisque parier est dans le tempérament anglais, non seulement les membres du Reform Club avaient établi des paris considérables pour ou contre Phileas Fogg, mais la masse du public aussi. On en avait même fait une valeur de bourse, le « Phileas Fogg »...

Or, pendant cette journée, à neuf heures du soir, le directeur de la police avait reçu un télégramme :

Suez à Londres
Rowan, Directeur police, Scotland Yard.
Je *file* voleur de Banque, Phileas Fogg. Envoyez sans retard *mandat d'arrestation* à Bombay (Inde).
FIX, inspecteur

La nouvelle s'est répandue. Les journaux ont publié la photographie de Phileas Fogg. Elle ressemblait au signalement du voleur. On s'est rappelé qu'il était un homme mystérieux et que, peut-être, son pari avait pour but de tromper les agents de la police anglaise.

L'effet a été immédiat : le « Phileas Fogg » n'avait plus aucune valeur.

Le mercredi 9 octobre, on attendait pour onze heu-

se répandre : ici : être connu
filer : suivre
le mandat d'arrestation : papier légal permettant d'arrêter une personne

res du matin, à Suez, le paquebot Mongolia, qui faisait régulièrement les voyages de Brindisi à Bombay par le canal de Suez. Deux hommes se promenaient sur le quai. L'un était le consul du Royaume-Uni, l'autre était un petit homme maigre et nerveux, de figure assez intelligente. Cet homme se nommait Fix et c'était un de ces inspecteurs, envoyés dans les différents ports après le vol *commis* à la Banque d'Angleterre.

Depuis deux jours, Fix avait reçu le signalement de l'homme observé dans la salle des paiements de la Banque et l'inspecteur, désirant la prime, attendait avec impatience l'arrivée du Mongolia.

– Et vous dites, monsieur le consul, a-t-il demandé pour la dixième fois, que ce bateau va bientôt arriver ?

– Oui, monsieur Fix, a répondu le consul, le Mongolia arrive toujours avec vingt-quatre heures d'avance. Prenez patience. Mais je ne sais pas comment vous pourrez reconnaître votre homme, s'il est à bord. D'après le signalement que vous avez reçu, ce voleur ressemble à un honnête homme.

– Monsieur le consul, ces gens-là, on les sent. Les grands voleurs ressemblent toujours à d'honnêtes gens. Ce sont eux qu'il faut regarder. Travail difficile, je dois dire, ce n'est plus du métier, mais de l'art.

Cependant le quai *s'animait* peu à peu. Le temps était assez beau, mais l'air froid. Il était alors dix heures et demie.

– Combien de temps restera-t-il à Suez ? a demandé Fix.

– Quatre heures. Et ensuite le bateau va directement à Bombay.

commettre : faire, effectuer
s'animer : devenir vivant

– Eh bien, a dit Fix, si le voleur a pris cette route, il va *débarquer* à Suez, puisque Bombay est en terre anglaise.

– C'est peut-être un homme très intelligent, a répondu le consul. Vous le savez, un criminel anglais est toujours mieux caché à Londres qu'à l'étranger.

Des coups de *sifflet* ont annoncé l'arrivée du paquebot.

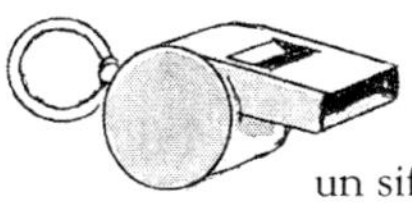

un sifflet

Les passagers étaient assez nombreux à bord. Fix examinait *scrupuleusement* tout ceux qui mettaient pied à terre. A ce moment, l'un d'eux, tenant un passeport à la main, s'est approché de lui et lui a demandé très poliment s'il pouvait lui indiquer les bureaux du consul anglais. Fix a pris le passeport et, d'un rapide coup d'œil, a lu le signalement... La feuille *tremblait* dans sa main. Le signalement était identique à celui reçu.

– Ce passeport n'est pas le vôtre ? a-t-il dit.

– Non, a répondu le passager. C'est celui de mon maître resté à bord.

– Il faut qu'il se présente en personne aux bureaux du consulat.

– Et où sont ces bureaux ?

débarquer : descendre du bateau, descendre à terre
scrupuleusement : avec attention
trembler : on tremble par ex. quand on a froid

– Là, au coin de la place, a répondu l'inspecteur.

Le passager a salué Fix et est *retourné* à bord du paquebot.

retourner : revenir

IV : Où Passepartout parle trop

L'inspecteur s'est aussitôt dirigé vers les bureaux du consul pour parler avec lui...

Peu après, le maître et le domestique sont arrivés chez le consul. Le maître a présenté son passeport, en priant *laconiquement* le consul de bien vouloir y apposer son visa.

Le consul a pris le passeport et l'a lu.

– Monsieur, vous savez que cette formalité de visa est inutile et que nous ne demandons plus la présentation du passeport ?

– Je le sais, monsieur, a répondu Phileas Fogg, mais je désire constater par votre visa mon passage à Suez.

– D'accord, monsieur.

M. Fogg a payé les *droits* de visa, a salué froidement et est sorti, suivi de son domestique.

– Eh bien, a dit le consul à l'inspecteur, il a l'air d'un parfait honnête homme !

– Possible, a répondu Fix, mais il ressemble tout à fait au signalement. Je veux savoir. Je vais trouver son domestique. Il a dit qu'il était Français, alors il parlera volontiers.

Cela dit, l'inspecteur est sorti et s'est mis à la recherche de Passepartout.

Retourné à bord, M. Fogg a pris son carnet qui portait les notes suivantes :

Quitté Londres, mercredi 2 octobre, 8 h 45 du soir
Arrivé à Paris, jeudi 3 octobre, 7 h 20 du matin
Quitté Paris, jeudi, 8 h 40 du matin

laconiquement : d'une voix monotone
les droits : le prix

Arrivé par le Mont Cenis à Turin, vendredi 4 octobre, 6 h 35 du matin
Quitté Turin, vendredi, 7 h 20 du matin
Arrivé à Brindisi, samedi 5 octobre, 4 h de l'après-midi
Embarqué sur le Mongolia, samedi, 5 h de l'après-midi
Arrivé à Suez, mercredi 9 octobre, 11 h du matin
Total des heures : 158 1/2, soit 6 jours 1/2

Ensuite M. Fogg a inscrit ces dates sur un itinéraire en colonnes. Il pouvait ainsi toujours savoir, s'il était en avance ou en retard.

Fix a tout de suite trouvé Passepartout.

– Eh bien, mon ami, vous regardez l'Afrique ?

– L'Afrique ! *s'est écrié* Passepartout. Je ne peux pas y croire. Je n'ai même pas eu le temps de revoir Paris. Mon maître est si pressé que nous sommes partis avec un sac de voyage seulement. D'ailleurs, il faut que j'achète des chaussettes et des chemises.

– Je vais vous conduire au bazar... Vous avez donc quitté Londres rapidement ?

– Je le crois bien. Mercredi dernier, à huit heures du soir, contre toutes ses habitudes, mon maître, M. Fogg, est revenu de son club et, trois quarts d'heure après, nous étions partis pour faire le tour du monde.

– Le tour du monde ? s'est écrié Fix.

– Oui, en quatre-vingts jours ! Un pari, dit-il, mais je n'y crois pas.

– Il est donc riche ?

– Evidemment et il emporte une jolie somme avec lui, en billets tout neufs !

– Et vous le connaissez depuis longtemps ?

– Moi ! a répondu Passepartout, je suis entré à son

s'écrier : dire en criant

service le jour même de notre départ.

On imagine facilement l'effet de ces réponses sur Fix. Il a laissé le Français au bazar et est revenu rapidement trouver le consul.

– Monsieur, a-t-il dit au consul, je n'ai plus aucun *doute*. Je tiens mon homme

Et en quelques mots, il a raconté sa conversation avec Passepartout.

– En effet, a dit le consul, tout paraît indiquer que c'est cet homme Qu'allez-vous faire ?

– Envoyer un télégramme à Londres avec demande d'un mandat d'arrestation à Bombay et *m'embarquer* sur le Mongolia pour suivre mon voleur...

le doute : quand on n'a plus de doute, on est sûr de quelque chose
s'embarquer : monter à bord, monter sur le bateau

V : En route pour l'Inde et visite de Bombay

Le lendemain, le 10 octobre, Passepartout a rencontré avec plaisir, sur le Mongolia, la personne qui l'avait accompagné au bazar.

– Je ne me trompe pas, c'est bien vous, monsieur, qui m'avez servi de guide à Suez ?

– En effet, a répondu l'inspecteur, je vous reconnais. Vous êtes le domestique de cet Anglais original...

– Précisément, monsieur... ?

– Fix.

– Monsieur Fix, avez-vous déjà fait ce voyage ?

– Plusieurs fois, a répondu Fix. Je suis un agent de la Compagnie...

Et il a ajouté pour changer de sujet de conversation :

– Et M. Fogg va bien ? Je ne le vois jamais sur le pont.

– Jamais. Il n'est pas curieux. Il préfère passer son temps à jouer au whist.

Depuis cette rencontre, Passepartout et Fix parlaient souvent ensemble sur le pont ou au bar et Passepartout était enchanté de l'aimable compagnie que le hasard lui offrait.

Le Mongolia ne devait arriver que le 22 octobre à Bombay. Il y est arrivé le 20. C'était donc, depuis le départ de Londres, un bénéfice de deux jours que Phileas Fogg a inscrit méthodiquement sur son itinéraire...

C'est à quatre heures et demie du soir que les passagers ont débarqué à Bombay et le train de Calcutta partait à huit heures précises.

M. Fogg a donné à son domestique l'ordre de faire quelques achats, lui a recommandé de se trouver avant huit heures à la gare, et, de son pas régulier, s'est dirigé vers le bureau des passeports.

Quelques instants plus tard, Fix a débarqué lui aussi du Mongolia et a couru chez le directeur de la police de Bombay. Il a montré ses papiers d'inspecteur et a demandé si on avait reçu un mandat d'arrestation de Londres... On n'avait rien reçu ... et le directeur a refusé d'arrêter M. Fogg. L'affaire regardait Londres. Fix a compris qu'il devait continuer à suivre son voleur.

Passepartout, lui, commençait à croire que le pari de son maître était peut-être sérieux. En attendant de le retrouver à la gare, il a acheté quelques chemises et chaussettes, puis il s'est promené dans les rues de Bombay. Ce jour-là, les Parsis à grands chapeaux noirs fêtaient une sorte de carnaval religieux, avec processions et *divertissements*. Toujours curieux, Passepartout a regardé ces cérémonies pendant un certain temps...

Puis, en se dirigeant vers la gare, il est passé devant une admirable pagode, la pagode de Malebar Hill, et il a eu la mauvaise idée de vouloir la visiter. Il y avait deux choses qu'il *ignorait* : d'abord que l'entrée de certaines pagodes hindoues est absolument interdite aux chrétiens et ensuite que les Hindous eux-mêmes doivent laisser leurs chaussures à la porte avant d'entrer. Et il faut ajouter ici que le gouvernement anglais *punissait* sévèrement les personnes qui ne respectaient pas ces règles.

Passepartout, entré là comme un simple touriste, était en train d'admirer l'intérieur de Malebar Hill,

le divertissement : amusement, petit spectacle
ignorer : ne pas savoir
punir : quand les enfants ne sont pas sages, les parents les punissent

quand trois *prêtres*, le regard plein de colère, se sont jetés sur lui pour lui enlever ses chaussures et ses chaussettes...

Le Français, fort et *agile*, les a renversés d'un *coup de poing* et a vite quitté la pagode.

Passepartout est arrivé à la gare à huit heures moins cinq ; sans chapeau, pieds nus, ayant perdu le paquet qui contenait ses achats, le pauvre garçon a raconté à son maître sa triste aventure.

Passepartout n'a pas remarqué que Fix, dans l'ombre sur le quai, écoutait et réfléchissait :

– Non, je ne les suis pas à Calcutta, je reste. Un *délit* commis sur le territoire indien... Je tiens mon homme

Et il a regardé partir le train qui emportait les deux hommes.

le prêtre : religieux
agile : très souple
le coup de poing : un coup donné avec sa main fermée
le délit : la faute, le crime

VI : Dans la forêt du Bundelkund

Passepartout était dans le même *compartiment* que son maître et un troisième voyageur, le brigadier chef, Sir Francis Cromarty. C'était l'un des partenaires de whist de M. Fogg pendant la traversée de Suez à Bombay et il devait maintenant se rendre à Bénarès pour y rejoindre ses troupes.

Ils ont donc voyagé agréablement tous les trois jusqu'au 22 octobre au matin. A huit heures du matin et à quinze *miles* de la gare de Rothal, le train s'est arrêté. Le conducteur est passé devant la ligne de *wagons* en disant :

– Les voyageurs descendent ici.

Phileas Fogg a regardé Sir Francis Cromarty, qui ne paraissait rien comprendre à cet arrêt.

Passepartout, surpris lui aussi, est descendu... et est revenu presque aussitôt :

– Monsieur, plus de *voie* !

Le brigadier chef est descendu aussitôt, suivi de Phileas Fogg.

– Où sommes-nous ? a demandé Sir Francis Cromarty au conducteur.

– Au village de Kholby, a répondu le conducteur. La voie n'est pas terminée... Il en manque un morceau de cinquante miles entre ce point et Allahabad où elle reprend.

– Les journaux ont pourtant annoncé que la ligne était terminée !

le compartiment : partie du wagon
un mile : mesure anglaise = 1 609 m
le wagon : voiture de train
la voie : ligne sur laquelle le train roule

– Que voulez-vous, mon brigadier chef, les journaux *se sont trompés*.

Sir Francis Cromarty était furieux. Passepartout avait envie *d'assommer* le conducteur.

– Sir Francis, a dit simplement M. Fogg, nous allons trouver un moyen de gagner Allahabad. Mon voyage n'est pas *compromis*. J'ai deux jours d'avance. Il y a un paquebot qui part de Calcutta pour Hong Kong le 25 à midi. Nous ne sommes que le 22 et nous arriverons à temps à Calcutta.

Certains voyageurs savaient que le chemin de fer s'arrêtait là et ils avaient vite pris les quelques *véhicules* disponibles du village. Passepartout est donc parti à la recherche d'un moyen de transport.

– Monsieur, a-t-il dit quelques instants plus tard, j'ai trouvé un éléphant qui appartient à un Indien logé à cent pas d'ici.

– Allons voir l'éléphant, a répondu M. Fogg.

Cinq minutes plus tard, ils se trouvaient devant un bel animal. Kiouni, c'était le nom de la bête, pouvait marcher rapidement pendant des heures. Phileas Fogg a donc décidé de l'employer.

Lorsque M. Fogg a demandé à l'Indien s'il voulait lui louer Kiouni, l'Indien a refusé net. Alors, Phileas Fogg a *marchandé* pour acheter la bête. Il l'a finalement obtenue pour deux mille livres (50 000 F). Passepartout était tout ému.

se tromper : faire erreur
assommer : donner un coup sur la tête
compromis : ici : en danger
le véhicule : la voiture, le moyen de transport
marchander : discuter le prix

– C'est un beau prix pour la viande d'éléphant ! s'est écrié le Français.

L'affaire conclue, il ne restait plus qu'à trouver un guide et des vivres, ce qui a été vite fait et à neuf heures l'animal a quitté le village.

Le guide, qui connaissait bien la région du Bundelkund, avait décidé de prendre le chemin le plus court à travers la forêt épaisse. Ce qui lui permettait aussi d'éviter les villages habités par une population *hostile* aux étrangers.

Ils ont donc voyagé toute la journée et, le soir, ils se sont arrêtés dans un bungalow en *ruine*. A six heures du matin, ils se sont remis en marche en vue d'arriver à Allahabad le soir même.

A deux heures, alors qu'ils étaient encore dans la forêt, l'éléphant a donné quelques signes de nervosité et s'est soudain arrêté.

Ils entendaient un murmure de voix humaines et *d'instruments de cuivre*. Le guide a sauté à terre, a attaché l'éléphant à un arbre et est parti sous les arbres. Quelques minutes plus tard, il est revenu et a dit :

– Une procession de *brahmanes* se dirige de ce côté. Si c'est possible, évitons d'être vus.

Bientôt la tête de la procession est apparue sous les arbres à une cinquantaine de pas de M. Fogg et de ses amis.

Les brahmanes s'avançaient en première ligne. Der-

hostile : ennemi
en ruine : en mauvais état
des instruments de cuivre, un brahmane : voir illustration pages 30/31

rière eux venaient des hommes, des femmes et des enfants qui *psalmodiaient*, ensuite des *fakirs* et un char portant une statue hideuse à quatre bras : le corps rouge sombre, autour du cou un *collier de têtes de mort*, à sa taille *une ceinture de mains coupées*.

– La déesse Kâli, a murmuré Sir Francis Cromarty, la déesse de l'amour et de la mort.

Derrière la statue quelques brahmanes traînaient une jeune femme, très pâle, en sari et couverte de *bijoux*.

Derrière, des gardes, armés de *sabres*, portaient le corps d'un vieillard, vêtu comme un rajah.

– Un suttee, a dit Sir Francis Cromarty.

Peu à peu, la procession a disparu dans la forêt.

– Qu'est-ce qu'un suttee ? a demandé Phileas Fogg.

– Un suttee, monsieur Fogg, a répondu le brigadier chef, c'est un sacrifice humain. Cette femme sera *brûlée* demain aux premières heures du jour avec le corps du rajah, son mari.

– Ah ! la malheureuse ! brûlée vive ! s'est écrié Passepartout *indigné*.

– Comment ! a repris Phileas Fogg sans émotion, ces coutumes barbares existent encore et les Anglais ne les ont pas interdites ?

– Ces coutumes n'existent plus dans la plus grande partie de l'Inde, mais les Anglais n'ont pas d'influence dans la région du Bundelkund... Les familles ne veulent

psalmodier : chanter tout bas d'une voix monotone
un fakir, un collier de têtes de mort, une ceinture de mains coupées,
le bijou, un sabre : voir illustration pages 30/31
brûler : ici : tuer par le feu
indigné : en colère

un sabre
un brahmane
le bijou
un fakir
des instruments
de cuivre

kâli
un collier de têtes de mort
une ceinture de mains coupées

pas *nourrir* les veuves. Alors quelquefois, leur sacrifice est réellement *volontaire* parce qu'elles ne veulent pas avoir une vie misérable.

– Le sacrifice qui aura lieu demain n'est pas volontaire, a dit le guide

– Comment le savez-vous ?

– C'est une histoire que tout le monde connaît ici, a répondu le guide. Cette femme est Parsie, comme moi. C'est une fille de riches commerçants de Bombay qui a été élevée à l'européenne. Elle se nomme Aouda. *Orpheline*, on l'a mariée de force au vieux rajah. Et maintenant la famille l'oblige à se sacrifier... On lui a donné de la fumée de *chanvre* et d'opium pour l'endormir et l'emmener à la pagode de Pillaji.

Puis, le guide a détaché l'éléphant pour partir.

– J'ai douze heures d'avance. Sauvons cette femme ! a dit tout à coup Phileas Fogg.

– Vous êtes un homme de cœur ! a dit Sir Francis Cromarty, tout heureux.

– Quelquefois, a répondu Phileas Fogg, quand j'ai le temps.

nourrir : donner à manger
volontaire : voulu
orpheline : sans père ni mère
le chanvre : le cannabis

VII : Comment Passepartout sauve Mme Aouda

Ils ont suivi le chemin pris par la procession et, une demi-heure après, ils sont arrivés près de la pagode. Là, ils ont décidé d'attendre la nuit...

Cachés sous les arbres, ils ont bien *observé* la scène. Le rajah reposait sur un tas de bois de santal, le bûcher. Autour de lui, les Indiens de la procession dormaient, tous *ivres* de chanvre et d'opium. A l'arrière-plan se trouvait la pagode de Pillaji. Mais à leur grand *désappointement*, les gardes du rajah, éclairés par des torches, veillaient aux portes et se promenaient avec leurs sabres. Impossible de forcer la pagode... même par derrière.

L'impassible Phileas Fogg attendait sans montrer ses sentiments. Il pouvait encore attendre. Il avait le temps.

Cependant Passepartout, installé dans un arbre, avait eu une idée. Il avait d'abord pensé : – C'est fou !, puis – Pourquoi pas, après tout ! et il avait disparu dans la nuit...

Le jour est arrivé. La foule a commencé à chanter. C'était l'heure. Les portes de la pagode se sont ouvertes. M. Fogg et Sir Francis Cromarty pouvaient voir la victime que deux prêtres traînaient vers le bûcher... La foule l'accompagnait. Deux minutes plus tard, la victime était couchée à côté de son époux.

observer : regarder avec attention
ivre : quand on a trop bu de vin, on est ivre
le désappointement : la déception

Puis une torche a été approchée et le bois *s'est* aussitôt *enflammé*.

A ce moment, Sir Francis Cromarty et le guide ont dû retenir Phileas Fogg, qui dans un moment de folie *généreuse*, voulait courir vers le bûcher un couteau à la main...

Tout à coup, un cri de terreur est monté de la foule. Le vieux rajah s'était levé, comme un *fantôme* au milieu des *vapeurs*, avait soulevé la jeune femme dans ses bras et descendait du bûcher. Les fakirs, les gardes, les brahmanes, la foule, pris d'une grande terreur, se sont jetés face à terre et n'osaient plus regarder.

Le fantôme est arrivé près de M. Fogg et Sir Francis Cromarty et a dit :

– Partons vite !

C'était Passepartout qui avait profité de l'obscurité pour sauver la jeune femme

Un instant après, tous quatre disparaissaient dans le bois et l'éléphant les emportait.

Vers dix heures, ils sont arrivés à la gare d'Allahabad. La jeune femme, qui dormait encore, a été déposée dans une chambre. Phileas Fogg a envoyé Passepartout acheter pour elle divers objets de toilette, châle, *fourrures*, etc.

Tout en faisant ses achats, Passepartout a visité Allahabad, la cité de Dieu, bâtie sur les deux fleuves sacrés, le Gange et la Jumna...

Quand il est revenu à la gare, M. Fogg était en train

s'enflammer : prendre feu
généreux, généreuse : ici : courageux
la fourrure : vêtement très chaud fait de poils d'animaux

de payer le Parsi. Puis il lui a dit :

– Parsi, tu as été un excellent guide. Veux-tu cet éléphant ? Il est à toi.

– C'est une fortune ! s'est écrié le guide.

– *A la bonne heure* ! s'est écrié Passepartout. Prends ami ! Kiouni est un brave et courageux animal !

Quelques instants plus tard, Phileas Fogg, Sir Francis Cromarty, Passepartout et Mme Aouda roulaient vers Bénarès.

à la bonne heure : bien

Pendant le *trajet*, la jeune femme est revenue complètement à elle. Quelle n'était pas sa surprise de se trouver dans un train, avec des vêtements à l'européenne et en compagnie de personnes qu'elle ne connaissait pas !

Alors le brigadier chef lui a raconté son histoire. Il a insisté sur le *dévouement* de Phileas Fogg et comment Passepartout avait trouvé une solution pour la sauver. La charmante jeune femme, qui parlait très bien l'anglais, a remercié ses sauveurs avec émotion...

Puis, Phileas Fogg lui a proposé, très froidement, de la conduire à Hong Kong pour la mettre en *sécurité*. Si elle y restait pendant un certain temps, la famille du Bundelkund allait peut-être l'oublier.

Mme Aouda a accepté l'offre avec *reconnaissance*, puisque l'un de ses parents, l'honorable Jejeeh, était l'un des principaux commerçants de cette ville anglaise.

A midi et demi, le train s'est arrêté à la gare de Bénarès. C'était là que Sir Francis Cromarty devait descendre. Il a donc dit au revoir à Phileas Fogg, Mme Aouda et Passepartout.

A partir de Bénarès, la voie ferrée suivait en partie la vallée du Gange. A travers les vitres du wagon, les voyageurs pouvaient voir les montagnes vertes, les champs *d'orge* et de *maïs*, les *étangs* avec les alligators et des Hindous qui accomplissaient leurs saintes *ablutions* dans le fleuve *sacré*. Ces fidèles appartenaient à la reli-

le trajet : le voyage
le dévouement : l'héroïsme
la sécurité : situation où il n'y a pas de danger à craindre
la reconnaissance : le remerciement
l'étang : étendue d'eau calme
l'ablution : purification religieuse faite en se lavant le corps
sacré : saint

gion brahmanique incarnée par les trois divinités, Vishnu, Çiva et Brahma...Tout ce panorama a défilé très rapidement.

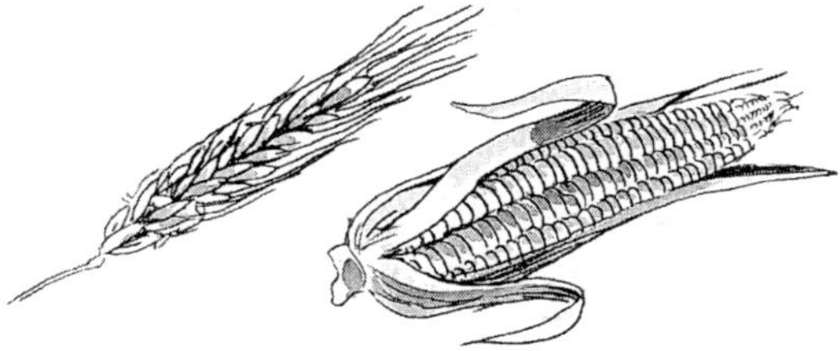

l'orge le maïs

Le lendemain, à sept heures du matin, Calcutta était atteint. Le paquebot, qui partait pour Hong Kong, ne *levait l'ancre* qu'à midi. Phileas Fogg avait donc cinq heures devant lui. D'après son itinéraire, M. Fogg devait arriver dans la capitale de l'Inde le 25 octobre. C'était aujourd'hui. Il n'avait donc ni retard, ni avance.

lever l'ancre : partir (pour un bateau)

VIII : Comment Fix réussit presque à arrêter Phileas Fogg et Passepartout

Au moment où ils allaient sortir de la gare, un policier s'est approché de Phileas Fogg et lui a dit :

– Monsieur Phileas Fogg ?

– C'est moi.

– Cet homme est votre domestique ? a ajouté le policier en montrant Passepartout.

– Oui.

– Veuillez me suivre.

Le policier les a conduits, avec Mme Aouda, au *tribunal* de la ville et leur a dit qu'ils devaient *comparaître* devant le juge Obadiah, sans leur donner d'autre explication. En attendant, on les a enfermés dans une pièce.

A huit heures et demie, le policier a introduit les *prisonniers* dans une *salle d'audience*. Et là on les a accusés d'être entrés dans une pagode de la religion brahmanique. Tout d'abord, Phileas Fogg et Passepartout ne comprenaient pas très bien, car ils croyaient qu'il s'agissait de l'affaire du suttee de la pagode de Pillaji... Mais, il s'agissait de la pagode de Malebar Hill de Bombay. Et, comme *pièce à conviction*, le juge a posé une paire de chaussures sur son bureau.

– Mes chaussures ! s'est écrié Passepartout.

L'agent Fix avait compris le *parti* qu'il pouvait tirer de la malheureuse affaire de Malebar Hill. Il avait

le tribunal : lieu où on juge les personnes
comparaître : se présenter devant un tribunal
le prisonnier : ici : personne enfermée
la salle d'audience : salle du tribunal
la pièce à conviction : preuve qu'on est fautif
le parti : ici : l'avantage

conseillé les prêtres, il les avait amenés à Calcutta, il avait tout organisé. Et maintenant, caché dans un coin de la salle d'audience, il sentait que sa victoire était proche.

– Les faits sont *avoués* ? a demandé le juge.

– Avoués, a répondu froidement M. Fogg... et il a ajouté : j'offre caution.

– C'est votre droit, a répondu le juge.

Et il a fixé la caution pour chacun d'eux à mille livres (125 000 F).

– Je paie, a dit M. Fogg.

Et du sac de Passepartout, il a retiré un paquet de billets qu'il a déposé sur le bureau.

Onze heures sonnaient. Le Rangoon était à un demi-*mille* en rade. M. Fogg s'est embarqué dans un canot avec Mme Aouda et son domestique. Fix, qui les suivait de loin, était très en colère.

– Il part ! Deux mille livres sacrifiées! *Prodigue* comme un voleur ! Ah, mais je le suivrai jusqu'au bout du monde, s'il le faut ! Et je l'arrêterai à Hong Kong. Le mandat d'arrestation y sera sûrement.

avouer : reconnaître
un mille : unité de mesure internationale sur mer ou dans l'air = 1 852 m
prodigue : qui dépense beaucoup d'argent

IX : En route pour Hong Kong

La première partie de la traversée s'est accomplie dans d'excellentes conditions. Mme Aouda faisait connaissance avec Phileas Fogg, lui racontait sa vie et le flegmatique gentleman l'écoutait, comme d'habitude, avec la plus extrême froideur.

L'inspecteur Fix, lui, a commencé par se cacher pour ne pas rencontrer Passepartout qui se promenait partout sur le bateau, car il avait peur de la *curiosité* du Français. Mais la présence de la jeune femme l'*intrigait* tellement qu'il s'est finalement décidé à se montrer. Et un jour :

– Vous, sur le Rangoon ! s'est écrié Fix.

– Monsieur Fix à bord ! a répondu Passepartout, absolument surpris. Quoi ! Je vous laisse à Bombay, et je vous retrouve sur la route de Hong Kong ! Mais vous faites donc, vous aussi, le tour du monde ?

– Non, non, a répondu Fix, je pense m'arrêter à Hong Kong, au moins quelques jours... Et comment va votre maître, M. Phileas Fogg ?

– En parfaite santé, et aussi ponctuel que son itinéraire. Pas un jour de retard... Mais venez, il faut que je vous raconte notre traversée de l'Inde.

Depuis ce jour, Passepartout avait commencé à réfléchir sérieusement sur le hasard qui avait mis, encore une fois, Fix sur la route de son maître. Et il était arrivé à la conclusion que Fix était un agent lancé sur les pas de M. Fogg par ses collègues du Reform Club, afin de

la curiosité : le fait de vouloir tout savoir ou tout voir
intriguer : exciter la curiosité de quelqu'un

contrôler que son voyage suivait bien l'itinéraire fixé.

Le jeudi 31 octobre, à quatre heures du matin, le Rangoon, ayant gagné une demi-journée sur sa traversée réglementaire, s'arrêtait à Singapour pour *faire le plein* de charbon.

Cette fois, Phileas Fogg est descendu à terre pour accompagner Mme Aouda, qui désirait se promener pendant quelques heures sur l'île de Singapour, qui était d'ailleurs charmante.

A onze heures, le Rangoon, ayant fait son plein de charbon, *larguait ses amarres*, et, quelques heures plus tard, les passagers perdaient de vue les hautes montagnes du détroit de Malacca.

Le temps, assez beau jusqu'alors, a changé brusquement. La mer a *grossi*. Le vent a soufflé. Il fallait donc prendre des précautions et *mettre* quelquefois *la petite vapeur*. C'était une perte de temps qui ne paraissait pas affecter Phileas Fogg, mais qui irritait beaucoup Passepartout.

– Mais vous êtes pressé d'arriver à Hong Kong ? lui a demandé un jour l'inspecteur.

– Très pressé ! a répondu Passepartout.

– Vous croyez donc maintenant à ce voyage autour du monde ?

– Absolument. Et vous, monsieur Fix ?

– Moi ? Je n'y crois pas !

– *Farceur* ! a répondu Passepartout en clignant de l'œil.

faire le plein de : acheter beaucoup
larguer les amarres : détacher les cordes entre le bateau et le quai
grossir : devenir gros, ici : devenir mauvais
mettre la petite vapeur : aller à petite vitesse
le farceur : personne qui raconte des histoires amusantes ou aime jouer des tours

Ce qui a beaucoup inquiété l'agent qui ne comprenait pas cette remarque.

X : Comment Fix sépare Passepartout et Phileas Fogg

Le Rangoon n'est arrivé que le 6 novembre, à cinq heures du matin, avec vingt-quatre heures de retard. Mais les voyageurs n'avaient pas manqué le départ du Carnatic pour Yokohama, car on réparait l'une de ses *chaudières* et son départ était remis au lendemain.

Le hasard servait bien Phileas Fogg, car de plus, le paquebot, qui faisait la traversée de Yokohama à San Francisco, était en correspondance directe avec le Carnatic et devait donc l'attendre. Pendant les vingt-deux jours que durait la traversée du Pacifique, il était facile de regagner les vingt-quatre heures de retard. Phileas Fogg se trouvait donc presque dans les conditions de son programme, trente-cinq jours après avoir quitté Londres.

Le Carnatic ne devait partir que le lendemain matin à cinq heures ; M. Fogg avait devant lui seize heures pour s'occuper de ses affaires, c'est à dire de celles de Mme Aouda.

Après avoir déposé Mme Aouda et Passepartout à l'Hôtel du Club, le gentleman s'est fait conduire à la Bourse. Là, on devait connaître l'honorable Jejeeh, l'un des commerçants les plus riches de la ville.

Le *courtier* auquel M. Fogg s'est adressé connaissait en effet le négociant parsi. Mais, ce dernier avait quitté Hong Kong depuis deux ans et s'était établi en Europe, probablement en Hollande.

la chaudière : appareil dans lequel on transforme de l'eau en vapeur
le courtier : personne qui s'occupe d'une opération commerciale à la bourse

En apprenant la nouvelle, Mme Aouda a demandé de sa voix douce :

– Que dois-je faire monsieur Fogg ?

– C'est très simple, a répondu le gentleman. Aller en Europe... Passepartout ?

– Monsieur ? a répondu Passepartout.

– Allez au Carnatic, et retenez trois cabines.

A la fin de la guerre de 1842, Hong Kong n'était qu'une petite île. Trente ans plus tard, le génie colonisateur de la Grande-Bretagne y avait développé une ville importante et un port, le port Victoria.

Passepartout, les mains dans les poches, allait donc vers le port Victoria, en observant la foule de Chinois, de Japonais et d'Européens, qui se pressait dans les rues. A peu de choses près, c'était encore Bombay, Calcutta ou Singapour, que l'honnête garçon retrouvait. Il y avait ainsi comme une traînée de villes anglaises tout autour du monde.

Au port Victoria, c'était un *fourmillement* de navires de toutes nations, des anglais, des français, des américains, des hollandais, des jonques, des *sampans*...

Passepartout a aperçu Fix, qui se promenait sur le quai d'embarquement du Carnatic. L'inspecteur de police paraissait très mécontent.

– Bon ! s'est dit Passepartout, cela va mal pour les gentlemen du Reform Club !

Et il a *accosté* Fix avec son sourire joyeux.

– Eh bien, monsieur Fix, êtes-vous décidé à venir

le fourmillement : abondance
accoster : aborder

le sampan

avec nous jusqu'en Amérique ? a demandé Passepartout.

– Oui, a répondu Fix, les dents serrées.

L'agent avait de bonnes raisons pour *pester*. Pas de mandat ! Or, Hong Kong étant la dernière terre anglaise du parcours, M. Fogg allait lui échapper, s'il ne parvenait pas à le retenir.

Tous deux sont entrés au bureau des transports pour réserver les cabines. L'employé leur a fait observer que le paquebot partait le soir même et non le lendemain matin, comme annoncé.

– Très bien, a répondu Passepartout, cela *arrangera* mon maître. Je vais le prévenir.

A cet instant, Fix a pris la décision de tout dire à Passepartout. C'était le seul moyen peut-être de retenir Phileas Fogg pendant quelques jours à Hong Kong. En quittant le bureau, Fix a donc offert à son compagnon de *se rafraîchir* dans la taverne qui se trouvait sur le quai.

Tous deux y sont entrés. C'était une vaste salle bien décorée, avec au fond un *lit de camp* avec des *coussins*. Il y avait sur ce lit un certain nombre de dormeurs. Une trentaine de consommateurs occupaient de petites tables. Ils buvaient de la bière ou des liqueurs. La plupart fumaient de longues pipes de terre rouge avec de l'opium. Fix et Passepartout ont compris qu'ils étaient entrés dans une *tabagie*. Ils ont commandé deux bouteilles de porto et ont parlé de choses et d'autres...

pester : être en colère contre quelque chose ou quelqu'un
arranger : convenir à quelqu'un
se rafraîchir : boire quelque chose de frais

des coussins
un lit de camp
la tabagie

Puis l'inspecteur a décidé qu'il n'avait plus le temps d'attendre. Passepartout paraissait être un garçon honnête. Il fallait lui dire la vérité pour avoir son aide.

– Ecoutez, a dit Fix, je suis inspecteur de police, chargé d'une *mission* pour l'administration de Londres.

Et l'agent a montré à son compagnon un papier signé par le directeur de la police.

Passepartout, *abasourdi*, regardait Fix sans pouvoir articuler un mot pendant que celui-ci lui racontait toute l'histoire...

Passepartout avait pris sa tête à deux mains. Phileas Fogg un voleur, lui, le sauveur d'Aouda, l'homme généreux et brave ! Il ne voulait pas croire à la *culpabilité* de son maître. Et pourtant !

– Que voulez-vous de moi ? a-t-il demandé.

– Aidez-moi à le retenir à Hong Kong et je partage avec vous la prime de la Banque d'Angleterre.

– Monsieur Fix, a répondu Passepartout en *balbutiant*, parce qu'il avait trop bu, le *trahir*... jamais... je suis d'un village où l'on ne mange pas de ce pain là !

– Alors mettons que je n'ai rien dit et buvons...

Alors Fix avait pris une décision. Puisque le Français ne voulait pas l'aider, il fallait l'endormir. Il a tendu une pipe d'opium à Passepartout. Juste quelques *bouffées* ont suffi.

la mission : la fonction, un travail
abasourdi : stupéfait, très étonné
la culpabilité : état d'une personne coupable
balbutier : parler d'une manière hésitante
trahir : abandonner un ami
la bouffée : quand on fume la pipe, on fait sortir quelques bouffées de fumée de temps temps

XI : Comment Phileas Fogg part pour Shangaï

Pendant ce temps-là, M. Fogg accompagnait Mme Aouda dans les rues de la ville anglaise pour acheter des vêtements et des objets nécessaires au voyage. Quand la jeune veuve le remerciait, avec de beaux yeux plein de reconnaissance, il disait invariablement :

– C'est dans l'intérêt de mon voyage, c'est dans mon programme..

Le soir, M. Fogg n'a pas vu Passepartout à l'hôtel, mais cela ne l'a pas *préoccupé*, puisque le paquebot partait seulement le lendemain.

A huit heures du matin, le domestique n'était toujours pas là. Alors M. Fogg et Mme Aouda sont partis en *palanquin*.

un palanquin

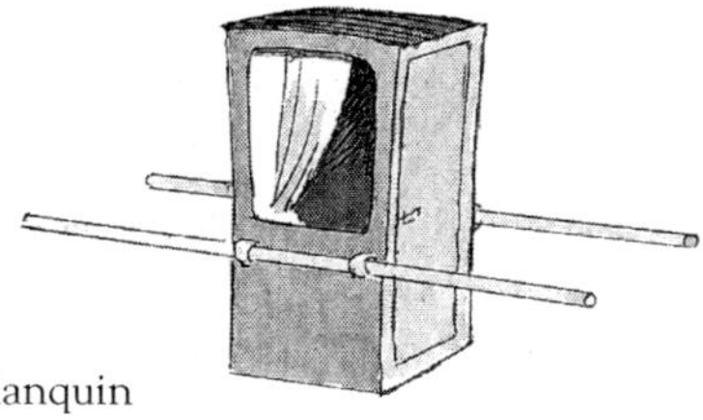

Une demi-heure plus tard, les voyageurs sont descendus sur le quai d'embarquement et, là, M. Fogg a appris que le Carnatic était parti la veille.

M. Fogg, qui comptait trouver et le paquebot et son domestique, devait maintenant se passer de l'un et de l'autre. Mais il n'a pas montré de désappointement.

A ce moment, un personnage s'est approché. C'était

préoccuper : rendre soucieux

Fix, qui l'a salué et a dit :

– N'êtes-vous pas comme moi, monsieur, un des passagers du Rangoon arrivé hier ? ... Je comptais partir sur le Carnatic et vous me voyez très désappointé. Le paquebot a quitté Hong Kong douze heures plus tôt sans prévenir personne et maintenant il faudra attendre huit jours le prochain départ.

En prononçant ces mots, Fix sentait son cœur bondir de joie. Huit jours ! Le mandat d'arrestation avait le temps d'arriver.

Il s'est senti presque assommé, quand M. Fogg a dit de sa voix calme :

– Mais il y a d'autres navires que le Carnatic, il me semble, dans le port de Hong Kong.

Et M. Fogg, offrant son bras à Mme Aouda, s'est dirigé vers les docks. Fix, abasourdi, a suivi...

Phileas Fogg cherchait un bateau depuis quelques heures déjà, quand un marin l'a accosté.

– Votre Honneur cherche un bateau ? J'ai un bateau-pilote, n° 43, le meilleur de la flottille.

– Vous chargez-vous de me conduire à Yokohama ? Là, je dois prendre le paquebot pour San Francisco le 14. Je vous offre cent livres par jour (2 500 F) et une prime de deux cents livres si j'y arrive...

– Votre Honneur, a répondu le pilote, je ne peux pas risquer cette traversée sur un bateau de vingt *tonneaux* et à cette époque de l'année... Mais il y a peut-être un autre moyen.

Fix ne respirait plus.

– Comment ? a demandé Phileas Fogg.

– Le paquebot qui va à San Francisco, le General

le tonneau : unité de capacité de transport d'un bateau

Grant, ne part pas de Yokohama. Son port de départ est Shangaï.

– Et quand est-ce que le paquebot quitte Shangaï ?

– Le 11, à sept heures du soir. Nous avons donc quatre jours... Et nous pouvons partir dans une heure, le temps d'acheter des vivres et *d'appareiller*.

– Affaire convenue... Vous êtes le patron ?

– Oui, John Bunsby, patron de la Tankadère.

– Très bien, voici deux cents livres d'avance. Monsieur, a ajouté Phileas Fogg en se tournant vers Fix, si vous voulez profiter de l'occasion...

– Monsieur, a répondu Fix, j'allais vous demander cette faveur.

Ensuite, Phileas Fogg et Mme Aouda sont allés dans les bureaux de la police pour donner le signalement de Passepartout et laisser une somme suffisante pour son *rapatriement*. La même formalité a été accomplie chez le consul français.

A trois heures dix minutes, les voiles ont été *hissées*. Le pavillon d'Angleterre battait, les passagers étaient assis sur le pont et la Tankadère est partie en mer.

appareiller : partir (pour un bateau)
le rapatriement : retour dans son pays, sa patrie
hisser : mettre en place (pour les voiles)

XII : Beaucoup de problèmes pour atteindre Yokohama

Faire huit cent milles, sur un bateau de vingt tonneaux, et à cette époque de l'année, était une expédition dangereuse.

Les passagers étaient sur le pont. Phileas Fogg, le corps droit, se tenait comme comme un *marin* et regardait la mer agitée sans bouger. Il pensait à son domestique disparu… Peut-être que le pauvre garçon avait mal compris et s'était embarqué sur le Carnatic… La jeune femme assise à l'arrière, pensait, elle aussi, à Passepartout et regrettait l'honnête domestique. Quant à Fix, il réfléchissait à ses problèmes.

Deux jours plus tard, le pilote est venu trouver Phileas Fogg.

– On peut tout dire à votre Honneur ? a-t-il dit à voix basse.

– Tout, a répondu Phileas Fogg.

– Eh bien, nous allons avoir un *typhon* du sud.

– Va pour le typhon du sud, puisqu'il nous pousse du bon côté, a répondu M. Fogg.

Le pilote a demandé à ses passagers de descendre dans la cabine. Mais comme elle était très petite et sans air, ils ont préféré rester sur le pont.

Pendant toute la journée la Tankadère a couru ainsi vers le nord, emportée par les *vagues* monstrueuses. Aouda, les yeux fixés sur son compagnon, se montrait digne de lui et bravait la tourmente à ses côtés. Quant

le marin : homme qui fait partie de l'équipage d'un bateau
le typhon : grande tempête
la vague : quand il y a une tempête, la mer fait de grosses vagues

à Phileas Fogg, il semblait que le typhon faisait partie de son programme

Durant la nuit, le typhon a doublé de violence et a continué ainsi jusqu'au milieu du jour suivant. A midi, il y a eu quelques symptômes d'*accalmie*. Les passagers, absolument *brisés*, ont pu manger un peu et prendre quelque repos...

Le lendemain, 11, au lever du jour, John Bunsby a affirmé qu'on était à cent milles de Shangaï au plus... A midi, le vent était tombé. La Tankadère était à quarante-cinq milles du port... A sept heures, on était à trois milles... Un formidable *juron* s'est échappé des lèvres du pilote... Il allait perdre sa prime. Il a regardé M. Fogg. Celui-ci était impassible, et cependant sa fortune entière se jouait à ce moment...

A ce moment aussi, un long *fuseau* noir est apparu sur l'eau. C'était le General Grant, qui sortait à l'heure réglementaire.

– *Malédiction* ! s'est écrié John Bunsby.

– Des signaux, a dit simplement Phileas Fogg.

Un petit canon était à l'avant de la Tankadère. Il servait à faire des signaux de détresse... On a chargé le canon.

– Feu ! a ajouté M. Fogg.

Le paquebot américain a changé de course et s'est dirigé droit sur la Tankadère.

Pendant ce temps le Carnatic, qui avait quitté Hong

l'accalmie : le retour au calme
brisé : épuisé, cassé, très fatigué
le juron : gros mot, « merde » par ex.
le fuseau : une forme allongée et fine
la malédiction : le malheur

Kong le 7 novembre, à six heures et demie du soir, se dirigeait à toute vapeur vers le Japon. Deux cabines à l'arrière n'étaient pas occupées, c'étaient celles retenues pour Phileas Fogg.

Le lendemain matin, les hommes de l'*équipage* avaient pu voir un passager, à demi endormi, sortir des secondes et venir s'asseoir sur le pont. Ce passager, c'était Passepartout en personne. Voici ce qui lui était arrivé.

Resté dans la tabagie, Passepartout s'était réveillé trois heures plus tard avec un seul mot en tête et il était sorti en criant sur le quai : Le Carnatic ! le Carnatic ! Le paquebot était là, prêt à partir. Passepartout avait fait quelques pas et était tombé sans vie sur le pont. Quelques marins avaient descendu le pauvre garçon dans une cabine des secondes et voilà pourquoi, ce matin-là, Passepartout se trouvait sur le pont du Carnatic.

Dégrisé, il s'est rappelé les scènes de la veille.

– Il est évident, se disait-il, que j'ai été complètement ivre ! Que va dire M. Fogg ? En tout cas, je n'ai pas manqué le bateau, et c'est le principal. Quant à Fix, j'espère bien que nous ne le verrons plus, après ce qu'il m'a proposé... Mon maître, accusé de ce vol à la Banque d'Angleterre ! Allons donc !

Et il s'est mis à chercher son maître et Mme Aouda sur le pont... au salon... Il fallait *se rendre à l'évidence* : ils n'étaient pas sur le bateau ! Et tout à coup, il s'est rappelé. L'heure de départ du Carnatic avait été avancée. Il n'avait pas prévenu son maître. C'était de sa faute ! Et plus encore celle du traître qui, pour le sé-

l'équipage : personnel nécessaire à la conduite d'un bateau, d'un avion...
dégrisé : qui n'est plus ivre
se rendre à l'évidence : accepter la réalité

parer de son maître, l'avait enivré ! ... Ah ! si jamais Fix lui tombait sous la main, quel *règlement de comptes* !

Sa situation était peu *enviable*. Il n'avait pas un sou en poche. Toutefois, son passage et sa nourriture à bord étaient payés d'avance. Il allait donc faire des réserves ! Et il a mangé et bu pendant cinq jours.

Le 13, au matin, le Carnatic s'est rangé le long du quai de Yokohama.

Passepartout a mis le pied sur cette terre si curieuse des Fils du Soleil. Puis il est parti au hasard visiter la ville. Là, il a vu d'admirables allées de sapins et de cèdres, des portes sacrées, des ponts au milieu de bambous, des temples... Dans les rues, c'était un *va-et-vient* incessant...

La nuit est venue. Il a continué à marcher dans les rues au milieu des lanternes multicolores.

le règlement de comptes : action de régler une affaire par la violence
enviable : qu'on voudrait avoir
le va-et-vient : circulation de personnes ou de choses dans deux sens opposés

XIII : Comment Passepartout retrouve son maître

Le 14 au matin, Passepartout, fatigué, *affamé*, s'est dit qu'il devait manger. Que pouvait-il faire pour gagner un peu d'argent ?... Il a commencé par *échanger* ses vêtements européens contre une *vieille robe japonaise, une sorte de turban* et quelques piécettes d'argent. C'était un début et il a pu prendre un déjeuner...

Ensuite il s'est dirigé vers le port pour trouver du travail sur un paquebot.

Pendant qu'il réfléchissait sur ses possibilités, ses regards sont tombés sur une sorte de clown, qui portait une grande *affiche* en anglais :

TROUPE JAPONAISE ACROBATIQUE
DE
L'HONORABLE WILLIAM BATULCAR
....
DERNIÈRES REPRÉSENTATIONS
Avant le départ pour les États-Unis d'Amérique
DES
LONGS-NEZ-LONGS-NEZ
Grande Attraction !

– Les ...Etats-Unis d'Amérique ! s'est écrié Passepartout, voilà justement mon affaire!...

Il a suivi l'homme-affiche jusqu'à l'établissement de l'honorable Batulcar.

M. Batulcar était là en personne.

– Que voulez-vous ? a-t-il dit.

affamé : qui a très faim
échanger : donner une chose pour avoir une autre chose
l'affiche : grande feuille avec une annonce

un sorte de turban
une vieille robe japonaise

– Avez-vous besoin d'un domestique ? a demandé Passepartout.

– Un domestique, s'est écrié Batulcar, j'en ai deux... Mais vous êtes fort et vous savez chanter la tête en bas, avec une *toupie* tournante sur la *plante* du pied gauche, et un sabre en équilibre sur la plante du pied droit ?

la toupie

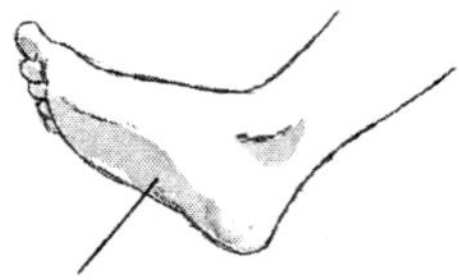

la plante du pied

– Bien sûr ! a répondu Passepartout, qui se rappelait les exercices de son jeune âge.

– Alors je vous engage, a répondu le Barnum, j'ai besoin d'un *long-nez* pour la pyramide humaine...

La *représentation* se terminait par la pyramide humaine qui montait très haut. Les *applaudissements* redoublaient, les instruments de l'orchestre jouaient très fort quand la pyramide *s'est ébranlée* et le monument est tombé...

C'était la faute de Passepartout, qui avait quitté son poste et était monté à droite vers un spectateur :

long-nez : nez prolongé d'un support de bambou pour soutenir un autre acrobate
la représentation : le spectacle
l'applaudissement : quand les spectateurs sont contents, ils applaudissent à la fin du spectacle
s'ébranler : bouger beaucoup et tomber

– Ah ! mon maître ! mon maître !
– Vous ?
– Moi !
– Eh bien ! au paquebot, mon garçon !...

Comment était-ce possible ?

Descendus le matin même du General Grant, qui *faisait escale* à Yokohama, Phileas Fogg avait appris que son domestique était arrivé la veille avec le Carnatic. En compagnie de Mme Aouda, il s'était donc mis à la recherche de Passepartout et était entré par hasard dans l'établissement de l'honorable Batulcar.

Le General Grant est reparti le soir même pour San Francisco...

La traversée était fort calme. L'océan Pacifique justifiait ainsi son nom. M. Fogg était aussi calme, aussi peu communicatif que d'ordinaire. Mme Aouda se sentait de plus en plus attachée à cet homme *silencieux* et généreux. En outre, elle s'intéressait beaucoup aux projets du gentleman. Souvent elle *causait* avec Passepartout sur l'*issue* du voyage et ce dernier la *rassurait* en répétant que le plus difficile était fait.

Neuf jours après avoir quitté Yokohama, Phileas Fogg avait exactement parcouru la moitié du globe terrestre. En effet, le General Grant, le 23 novembre, passait au cent quatre-vingtième méridien, aux antipodes de Londres.

Mais où était Fix, à ce moment-là ? Fix était préci-

faire escale : s'arrêter quelques
silencieux : qui ne parle pas beaucoup
causer : parler
l'issue : la fin
rassurer : calmer

sément à bord du General Grant. Il avait bien reçu le mandat à Yokohama, mais c'était trop tard ! Et comme Phileas Fogg semblait revenir dans sa patrie, il avait décidé de le suivre jusque-là.

Vu le nombre de passagers, l'inspecteur croyait pouvoir éviter Passepartout qu'il avait aperçu à sa grande surprise. Mais ce jour-là, il s'est trouvé face à face avec lui à l'avant du paquebot.

Passepartout, a sauté sur Fix et lui a donné une *volée* superbe. Fix s'est relevé, en assez mauvais état, et en regardant son adversaire, il lui a dit froidement :

– Est-ce fini ?

– Oui, pour l'instant.

– Alors, vous m'avez battu, bien. A présent, écoutez-moi. Jusqu'ici, j'ai été l'*adversaire* de M. Fogg, mais maintenant je suis dans son jeu.

– Enfin ! s'est écrié Passepartout, vous le croyez un honnête homme ?

– Non, a répondu froidement Fix, je le crois un voleur... Mais M. Fogg semble retourner en Angleterre. *D'accord*, je le suivrai. Et désormais, j'écarterai les obstacles de sa route... Sommes-nous amis ?

– Amis, non, a répondu Passepartout. *Alliés*, oui.

Le 3 décembre, le General Grant arrivait à San Francisco. M. Fogg n'avait encore ni gagné ni perdu un seul jour.

une volée : des coups
l'adversaire : personne qui est contre quelqu'un
d'accord : entendu, bon
l'allié : personne qui pour quelqu'un

XIV : Une journée mouvementée à San Francisco

M. Fogg, aussitôt débarqué, s'est informé de l'heure du premier train pour New York. Il partait à six heures du soir. M. Fogg avait donc une journée entière à passer dans la capitale californienne.

Ils ont pris une voiture pour aller vers l'International Hôtel. Passepartout, installé sur le siège, observait avec curiosité la grande ville américaine : larges rues, maisons basses bien *alignées*, églises et temples d'un gothique anglo-saxon, voitures nombreuses, tramways et une foule d'Américains et d'Européens, mais aussi des Chinois et des Indiens... San Francisco présentait, à sa grande surprise, l'aspect d'une grande ville commerçante.

Après le déjeuner, Phileas Fogg, accompagné de Mme Aouda, a quitté l'hôtel pour se rendre aux bureaux du consul anglais. Il n'avait pas fait deux cents pas que, « par le plus grand des hasards », il a rencontré Fix. L'inspecteur s'est montré extrêmement surpris et poli et a demandé s'il pouvait visiter avec lui cette curieuse ville.

Ils se sont bientôt trouvés dans Montgommery Street, où il y avait une foule innombrable. Des hommes-affiches circulaient. Des cris éclataient de toutes parts.

– Hourra pour Kamerfield !

– Hourra pour Mandiboy !

C'était un meeting. Afin de mieux voir, Mme Aou-

aligné : en ligne

da, Phileas Fogg et Fix sont montés sur un escalier qui menait à une terrasse.

A ce moment, les hourras et les injures ont redoublé. Deux grands groupes se faisaient face. Tout servait de *projectiles*... La foule s'est rapprochée de l'escalier. Mme Aouda, Phileas Fogg et Fix allaient monter un peu plus haut, quand une troupe d'électeurs, armée de *cannes plombées* et de *tomahawks*, est descendue de la terrasse pour aider les partisans de Mandiboy. Ils se trouvaient entre les deux. Il était trop tard pour s'échapper.

En essayant de *protéger* la jeune femme, Phileas Fogg et Fix ont été horriblement *bousculés*. Un énorme *gaillard* à *barbiche* rousse a levé son poing vers M. Fogg et a frappé ... Fix, qui, par dévouement, a reçu le coup à sa place.

– Américain ! a dit M. Fogg avec mépris.

– Anglais ! a répondu l'autre.

– Nous nous retrouverons !

– Quand il vous plaira ! Votre nom ?

– Phileas Fogg. Le vôtre ?

– Colonel Stamp W. Proctor.

Une heure après, ils étaient revenus à l'International Hôtel. Là, Passepartout attendait son maître, armé d'une demi-douzaine de revolvers-*poignards* à six coups. Il avait entendu parler de Sioux et de Pawnies, qui arrêtaient les trains comme de simples voleurs espagnols.

A six heures moins le quart, les voyageurs ont atteint la gare. Au moment où M. Fogg allait monter dans le train, il a dit à un employé :

protéger : défendre
bousculer : pousser à droite et à gauche
le poignard : couteau très pointu

des cannes plombées
des projectiles
un tomahawk
un gaillard
une
barbiche

– Mon ami, est-ce qu'il n'y a pas eu quelques problèmes aujourd'hui à San Francisco ?

– C'était un meeting, monsieur, a dit l'employé. Il s'agissait de l'élection d'un *juge de paix*.

le juge de paix : magistrat, juge

XV : En route pour New York

« Ocean to Ocean », comme disent les Américains. New York et San Francisco sont réunies par un *ruban* de métal non interrompu qui mesure trois mille sept cent quatre-vingt miles. Autrefois, il fallait six mois pour aller de New York à San Francisco. Maintenant, on mettait sept jours. Le chemin de fer était cette longue artère qui allait permettre à l'honorable Phileas Fogg de prendre, le 11, à New York, le paquebot de Liverpool.

Une heure après le départ du train, une neige fine a commencé à tomber. A huit heures, un steward est entré dans le wagon et a annoncé que l'heure du coucher était sonnée. Ce wagon était une voiture-lit, qui, en quelques minutes, a été transformé en *dortoir*... Les *draps* étaient blancs, les *oreillers* moelleux. Il n'y avait plus qu'à se coucher et à dormir pendant que le train roulait à travers l'état de Californie.

le ruban : une ligne

Il était sept heures du matin, quand le train s'est engagé dans le massif de la Sierra Nevada... Après avoir déjeuné, Phileas Fogg, Mme Aouda, Fix et Passepartout, confortablement assis, regardaient le paysage varié qui passait sous leurs yeux – vastes prairies, montagnes à l'horizon, rivières pleines d'eau, grands troupeaux de bisons.

Vers trois heures, le train s'est arrêté. Un troupeau de dix à douze mille têtes barrait la voie. Les voyageurs, regardaient, des passerelles, ce curieux spectacle. Seul, Phileas Fogg était demeuré à sa place et attendait calmement le passage des bisons. Passepartout était furieux du retard causé par ces animaux.

– Quel pays ! s'écriait-il. De simples bœufs qui arrêtent des trains ! Pardieu !

Il était donc huit heures, quand le train a atteint le territoire de l'Utah, la région du Grand lac salé, le pays des Mormons.

Le lendemain, vers midi et demi, le train touchait la pointe nord-ouest du Grand lac salé. Autour du lac, la campagne était admirablement cultivée.

A deux heures, les voyageurs sont descendus à la gare d'Ogden. Le train ne devait repartir qu'à six heures ; M. Fogg, Mme Aouda et leurs deux compagnons avaient donc le temps de se rendre à la cité des Saints. A trois heures, ils se promenaient par les rues de la cité, bâtie sur le modèle de toutes les villes de l'Union, vastes *échiquiers* de lignes froides.

Il y avait beaucoup de femmes, ce qui s'expliquait par le fait que les Mormons pouvaient être polygames.

l'échiquier : plaque qui permet de jouer aux échecs ; ensemble de lignes verticales et horizontales

Passepartout, qui avait écouté dans le train une conférence sur les Mormons, savait que le ciel mormon n'acceptait pas les célibataires du sexe féminin. Elles se mariaient donc toutes.

Célibataire convaincu, il était un peu inquiet, car il trouvait que les citoyennes de Great Lake City le regardaient trop.

Le jour suivant, 7 décembre, il y a eu un quart d'heure d'arrêt à la gare de Green River.

La neige tombait plus fort et ce mauvais temps inquiétait Passepartout. Mme Aouda, de son côté, était encore plus inquiète. En effet, parmi les voyageurs, qui étaient descendus pour se promener un peu, la jeune femme avait reconnu le colonel Stamp W. Proctor et elle craignait une rencontre avec M. Fogg.

Mme Aouda a *profité* d'un moment où M. Fogg dormait pour *mettre* Fix et Passepartout *au courant* de la situation.

– Rassurez-vous, madame, s'est écrié Fix, avant d'avoir affaire à M. Fogg, il aura affaire à moi !

– Monsieur Fix, a repris Mme Aouda, M. Fogg ne laissera à personne le soin de le *venger*... Il faut empêcher une rencontre...

La conversation s'est arrêtée. M. Fogg s'était réveillé.

Un peu plus tard, Passepartout a dit à l'inspecteur de police :

– Est-ce que vous voulez vraiment vous battre pour lui ?

le célibataire : personne non mariée
profiter : tirer avantage
mettre au courant : raconter à
venger : réparer l'injure reçue

– Je ferai tout pour le ramener vivant en Europe ! a répondu simplement Fix...

Fix réfléchissait. Comment retenir M. Fogg dans ce compartiment ? Quelques instants plus tard, il a dit à Phileas Fogg :

– A bord des paquebots, vous aviez l'habitude de faire votre whist ?

– Oui, a répondu Phileas Fogg. Mais ici, je n'ai ni cartes, ni partenaires.

– Oh ! les cartes, nous pouvons les acheter dans le train. Quant aux partenaires, si, par hasard, madame...

– Certainement, monsieur, cela fait partie de l'éducation à l'anglaise.

– Eh bien, à nous trois et *un mort*...

– Maintenant, s'est dit Passepartout à lui-même, nous le tenons. Il restera ici !...

Après un déjeuner assez confortable, M. Fogg et ses partenaires venaient de reprendre leur interminable whist, quand le train s'est arrêté.

Passepartout s'est élancé hors du wagon. Le mécanicien et le conducteur discutaient avec un garde-voie qui disait :

– Non ! Il n'est pas possible de passer ! Le pont de Medicine Bow est *ébranlé*. Il ne *supportera* pas le poids du train...

Après quelques minutes de discussion, le mécanicien du train a dit :

– Messieurs, il y a peut-être un moyen de passer sur le pont avec notre train.

un mort : ici : personne fictive au whist
ébranlé : tremblant
supporter : soutenir

– Mais le pont est en ruine ! a repris le conducteur.

– Je crois qu'en lançant le train avec son maximum de vitesse, on a des chances de passer.

Les autre voyageurs étaient séduits par l'idée.

– Sans doute, a dit Passepartout, on passera, mais il est peut-être plus *prudent*...

– Est-ce que vous avez peur ? lui a demandé le colonel Proctor.

– Moi, peur, s'est écrié Passepartout. Je montrerai qu'un Français peut être aussi courageux qu'un Américain !

La locomotive a sifflé vigoureusement. Le train a reculé, puis la marche en avant a recommencé et s'est *accélérée*, accélérée... et on est passé !

Juste après le passage du train, le pont est tombé avec *fracas* dans la rivière de Medicine Bow.

prudent : qui évite le danger
accélérer : aller à plus grande vitesse
le fracas : un très grand bruit

XVI : Une mauvaise rencontre et la bataille contre les Sioux

Le lendemain, M. Fogg et ses partenaires avaient repris leur jeu. Ils se préparaient à jouer *pique*, quand une voix a dit :

pique carreau

– A mon avis, il faut jouer *carreau*...

Stamp W. Proctor et Phileas Fogg se sont reconnus tout de suite.

– Ah ! c'est vous, monsieur l'Anglais, qui voulait jouer pique ! Vous ne comprenez rien à ce jeu.

– Je suis peut-être meilleur à un autre, a dit Phileas Fogg froidement et il s'est levé.

Mme Aouda est devenue pâle. Passepartout était prêt à se jeter sur l'Américain. Fix a voulu *s'interposer*. D'un geste, Phileas Fogg les a arrêtés.

– Le train sera dans une heure à Plum Creek, s'est écrié le colonel Proctor. Il s'arrêtera dix minutes. Nous pourrons alors échanger quelques coups de revolver.

s'interposer : se mettre entre d'autres personnes

– D'accord, a répondu Phileas Fogg.

A onze heures le sifflet de la locomotive a annoncé Plum Creek. A l'instant où les deux adversaires allaient descendre du train, le conducteur a crié :

– On ne descend pas, messieurs. Nous avons vingt minutes de retard. Le train ne s'arrête pas.

– Mais je dois me battre avec monsieur.

– Je suis désolé messieurs, mais, après tout, qui vous empêche de vous battre en route ?...

Les deux adversaires, leurs témoins et le conducteur, se sont rendus à l'arrière du train. Le dernier wagon n'était occupé que par une dizaine de passagers. Le conducteur leur a poliment demander de sortir. M. Fogg et le colonel, chacun muni d'un revolver à six coups, sont entrés dans le wagon. Au premier coup de sifflet de la locomotive, ils devaient commencer à tirer...

Fix et Passepartout sentaient leur cœur battre à se briser.

On attendait donc le coup de sifflet convenu, quand soudain il y a eu des cris *sauvages*. Le colonel Proctor et M. Fogg sont aussitôt sortis du wagon. Ils avaient compris que le train était attaqué par une bande de Sioux.

Ces Sioux avaient des *fusils*. Ils avaient assommé le mécanicien et le chauffeur. Ils avaient envahi les wagons, ils enfonçaient les *portières*, ils luttaient corps à corps avec les voyageurs.

Dès le début de l'attaque, Mme Aouda s'était défendue *héroïquement*, le revolver à la main, tirant à travers

sauvage : contraire de civilisé
le fusil, la portière : voir ill. page 73
héroïquement : très courageusement

les vitres, lorsqu'un sauvage se présentait à elle. Une vingtaine de Sioux, frappés à mort, étaient tombés sur la voie. Plusieurs voyageurs, atteints par les balles ou les tomahawks, gisaient sur les banquettes.

Le conducteur qui se battait aux côtés de M. Fogg et de Passepartout, s'est écrié :

– Nous sommes perdus si le train ne s'arrête pas à la gare de Fort Kearney.

– C'est mon affaire, a crié Passepartout.

Et le courageux garçon a ouvert une portière et s'est glissé sous le wagon. Et là, retrouvant sa souplesse de clown, il a rampé d'une voiture à l'autre jusqu'à l'avant du train. Ensuite, se tenant d'une main au wagon des bagages, il a décroché la locomotive qui est partie à toute vitesse.

Mme Aouda était sauve. Phileas Fogg, qui s'était bien battu, n'avait rien. Fix était blessé au bras. Mais Passepartout et deux autres voyageurs avaient disparus, emportés par les Sioux.

M. Fogg, les bras croisés était *immobile*. Il devait prendre une grande *décision*.

– Je le retrouverai, a-t-il simplement dit à Mme Aouda.

– Ah ! monsieur... monsieur Fogg ! s'est écrié la jeune femme, en saisissant ses mains.

Phileas Fogg *se sacrifiait* tout entier. Il venait de prononcer sa ruine. Un seul jour de retard lui faisait manquer le paquebot à New York. Son pari était perdu.

immobile : sans bouger
la décision : chose décidée
se sacrifier : se dévouer

la portière
WESTERN & ATLANTIC RAILROAD
un fusil

Mais devant cette pensée, « c'est mon devoir », il n'avait pas hésité.

Le capitaine, qui commandait le Fort Kearney, était là avec ses soldats.

– Monsieur, lui a dit M. Fogg, trois voyageurs ont disparu. Allez-vous poursuivre les Sioux ?

– Je ne crois pas, monsieur. Ces Indiens peuvent *fuir* plus loin que l'Arkansas. Je ne peux pas laisser le fort sans protection.

– D'accord, a dit Phileas Fogg. J'irai seul !...

– Eh bien, non, vous n'irez pas seul ! s'est écrié le capitaine, ému malgré lui. Vous êtes un *brave* cœur ! Trente hommes iront avec vous.

– Merci, capitaine, a dit M. Fogg.

– *Puis-je* vous accompagner ? a demandé Fix.

– Monsieur, a répondu Phileas Fogg, si vous voulez me rendre service, vous resterez près de Mme Aouda.

Fix a regardé attentivement le gentleman et, devant ce regard calme et direct, a accepté.

Puis M. Fogg s'est tourné vers les soldats et leur a promis mille livres chacun, s'ils sauvaient les prisonniers. Il était alors midi et quelques minutes...

Mme Aouda s'est retirée dans sa chambre. Elle pensait à Phileas Fogg, à sa *générosité* simple et grande, à ce tranquille courage. Phileas Fogg était un *héros* à ses yeux.

L'inspecteur Fix, lui, se promenait *fébrilement* sur le

fuir : partir vite
brave : courageux
puis-je : est-ce que je peux
la générosité : le fait d'être généreux
le héros : personne très courageuse
fébrilement : nerveusement

quai de la gare et pensait qu'il avait été fou d'avoir laissé partir Phileas Fogg. Il était sûr qu'il allait disparaître.

Les heures se sont écoulées. Le temps était fort mauvais, le froid très vif... La nuit est venue. Où était la petite troupe ? Mme Aouda, le cœur angoissé, ne pouvait pas dormir. Fix, immobile à la même place, ne dormait pas non plus.

A *l'aube*, on a entendu quelques coups de feu, comme un signal... Oui, c'était la petite troupe. M. Fogg marchait en tête et, près de lui, Passepartout et les deux autres voyageurs, arrachés aux mains des Sioux.

Les sauveurs et les *sauvés* ont été reçus avec joie et Phileas Fogg a distribué aux soldats la prime promise.

– Décidément, je coûte cher à mon maître ! pensait Passepartout, non sans raison.

– Où est le train ? a demandé Phileas Fogg.

– Parti, a répondu Fix. Le train suivant passera ce soir seulement.

– Ah ! a répondu simplement le gentleman *impassible*.

à l'aube : tôt le matin
le sauvé : personne qui vient d'être sauvée
impassible : qui ne montre pas ses sentiments

XVII : L'arrivée à New York

A ce moment, l'inspecteur s'est approché de M. Fogg et l'a regardé bien en face :

– Très sérieusement, monsieur, vous voulez être à New York le 11, avant neuf heures du soir, heure du départ du paquebot de Liverpool ?

– Je le veux absolument.

– Bien. Voulez-vous aller à la gare d'Omaha en *traîneau* ? Un homme m'a proposé ce moyen de transport.

Un instant après, Phileas Fogg est allé trouver l'Américain, nommé Mudge. Il possédait un singulier véhicule établi sur deux longues *poutres*. Vers l'avant se dressait un *mât* très élevé avec deux immenses *voiles*.

En quelques instants, un marché a été conclu entre M. Fogg et le patron. Le vent était bon. La neige était durcie et Mudge pouvait conduire M. Fogg en quelques heures à la gare d'Omaha.

A huit heures, le traîneau était prêt à partir...

Quelle traversée ! Les voyageurs, pressés les uns contre les autres dans leurs couvertures de voyage, ne pouvaient pas parler. Pendant que chacun se laissait aller à des réflexions diverses, le traîneau volait sur l'immense tapis de neige et sa vitesse était au moins de quarante miles à l'heure. Parfois des bandes d'oiseaux sauvages s'envolaient. Parfois quelques *loups* affamés couraient à côté du traîneau. Alors Passepartout, le revolver à la main, se tenait prêt à tirer sur les plus proches...

le loup : animal sauvage qui ressemble à un chien

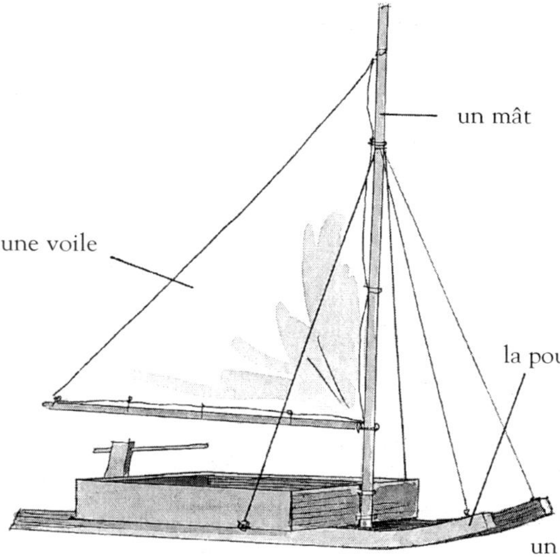

Il n'était pas une heure, quand Mudge s'est arrêté, a montré quelques toits blancs de neige:

– Nous sommes arrivés.

Passepartout et Fix ont sauté à terre, puis ils ont aidé M. Fogg et la jeune femme à descendre du traîneau. Phileas Fogg a payé généreusement Mudge et ils sont vite allés à la gare d'Omaha.

Un train direct était prêt à partir. Ils y sont montés... Le lendemain, 10 décembre, à quatre heures de l'après-midi, ils arrivaient à Chicago.

Neuf cents miles séparent Chicago de New York. M. Fogg est passé immédiatement au train suivant et la belle locomotive du « Pittsburgh-Fort Wayne-Chicago Railway » est partie à toute vitesse.

Le 11 décembre, à onze heures et quart du soir, le

train s'est arrêté dans la gare de New York, sur la *rive* droite de l'Hudson, devant le quai même des paquebots de la ligne Cunard. Le China, à destination de Liverpool, était parti depuis quarante-cinq minutes !

Le gentleman a vite compris, en consultant son Bradshaw, qu'aucun des autres navires, qui faisaient le service direct entre L'Amérique et l'Europe, ne pouvait servir ses projets. Passepartout était *anéanti*. C'était de sa faute. Depuis le début du voyage, c'était lui qui avait mis les *obstacles* sur la route de son maître.

M. Fogg a simplement dit :

– Nous aviserons demain. Venez.

Et ils sont montés dans un fiacre, qui les a conduits à l'hôtel Saint Nicolas, à Broadway.

Le lendemain, c'était le 12 décembre. Il restait donc neuf jours treize heures et quarante-cinq minutes. M. Fogg a quitté l'hôtel pour se rendre au port. Là, il a *observé* les navires... Et soudain, il a aperçu un navire de commerce dont la cheminée laissait sortir de la fumée. C'était l'Henrietta. Phileas Fogg est monté à bord et a demandé le capitaine. C'était un homme de cinquante ans, une sorte de *loup de mer*, un *bougon*.

– Je suis Phileas Fogg, de Londres.

– Et moi Andrew Speedy, de Cardiff.

– Vous allez partir ?

– Dans une heure pour Bordeaux.

la rive : le côté
anéantir : déprimer
l'obstacle : ce qui empêche la réalisation d'un projet
observer : bien regarder
le loup de mer : vieux marin
un bougon : personne qui est toujours de mauvaise humeur

– Voulez-vous me transporter à Liverpool, moi et trois autres passagers ? A n'importe quel prix !

– Non.

La situation était grave. Phileas Fogg réfléchissait.

– Eh bien, voulez-vous me mener à Bordeaux ? Je vous offre deux mille dollars (10 000 F) par personne...

– Je pars à neuf heures, a dit simplement le capitaine Speedy. Si vous et les vôtres, vous êtes là ?...

– A neuf heures, nous serons à bord, a répondu aussi simplement M. Fogg.

XVIII : Comment M. Fogg devient pirate et Fix termine sa mission

Une heure après, l'Henrietta sortait de l'Hudson...

Le 13 décembre à midi, un homme est monté sur le pont pour faire le point. C'était Phileas Fogg !

Quant au capitaine Speedy, l'équipage l'avait enfermé à clé dans sa cabine, où il poussait des *hurlements* de colère.

Voulant absolument aller à liverpool, M. Fogg avait acheté à coups de billets l'équipage entier, qui n'aimait pas beaucoup le capitaine. Voilà pourquoi Phileas Fogg commandait l'Henrietta, qui se dirigeait maintenant vers Liverpool. Et il était très clair que M. Fogg avait été marin.

Pendant les premiers jours, la navigation a été excellente. Passepartout était enchanté. Sa bonne humeur, très communicative, gagnait tout le monde. Fix, il faut le dire, ne comprenait plus rien ! La conquête de l'Henrietta, l'achat de son équipage, ce Fogg étant un marin excellent, toutes ces choses *l'étourdissaient*. Il ne savait plus ce qu'il devait penser !

Le 13, l'Henrietta est passée près de Terre-Neuve. C'est là un mauvais endroit. En effet, pendant la nuit, le froid est devenu plus vif et le vent est venu du sud-est. Le navire a ralenti.

Le 16 décembre, l'Henrietta n'avait pas encore un retard inquiétant. La moitié de la traversée était faite et le plus mauvais passage avait été franchi... Or, ce jour-là le mécanicien est monté sur le pont pour parler à M. Fogg.

le hurlement : grand cri
étourdir : rendre indécis, incertain

– Monsieur, nous n'avons pas assez de charbon pour aller à toute vapeur jusqu'à Liverpool.

– Continuez jusqu'à manque complet de *combustible*, a répondu M. Fogg.

Le navire a donc continué de marcher à toute vapeur ; deux jours plus tard, le 18, le mécanicien a fait savoir que le charbon allait manquer dans la journée.

Ce jour-là, vers midi, Phileas Fogg a fait chercher le capitaine Speedy. Quelques minutes plus tard, le capitaine est arrivé sur le pont comme une bombe.

– Pirate ! a-t-il dit, le visage rouge de colère.

– Monsieur, je vous ai fait venir pour vous prier de me vendre votre navire, car je vais être obligé de le brûler.

– Brûler mon navire ! s'est écrié le capitaine Speedy, un navire qui vaut cinquante mille dollars (250 000 F).

– En voici soixante mille (300 000 F), a répondu Phileas Fogg.

Le capitaine a oublié sa colère. C'était une affaire en or !

– Conclu, a-t-il dit.

– Bien. Faites *démolir* tout ce qui en bois et chauffez avec ces morceaux.

Le 20, à dix heures du soir, le navire était près de Queenstown, un port de la côte d'Irlande. Phileas Fogg n'avait plus que 24 heures pour atteindre Londres !

– Monsieur, lui a dit le capitaine Speedy, qui connaissait les projets de Phileas Fogg, je vous plains, tout est contre vous.

– Pouvons-nous entrer dans le port de Queenstown ?

le combustible : le charbon par ex. est un combustible. Il peut brûler.
démolir : mettre en morceaux

lui a demandé le gentleman.

– Pas avant trois heures. A pleine mer.

– Alors attendons ! a répondu Mr Fogg.

Vers une heure du matin, l'Henrietta est entrée dans le port. Les passagers ont débarqué aussitôt. Fix, à ce moment, a eu une envie terrible d'arrêter Phileas Fogg. Mais il ne l'a pas fait. Il hésitait. Pourquoi ? Comprenait-il qu'il se trompait ? Pourtant, il n'a pas voulu *abandonner* la poursuite et il a suivi M. Fogg, Mme Aouda et Passepartout dans le train pour Dublin. Arrivés à Dublin à l'aube, ils se sont embarqués sur un paquebot pour Liverpool.

A midi moins vingt, le 21 décembre, Phileas Fogg débarquait sur le quai de Liverpool. Il n'était plus qu'à six heures de Londres.

A ce moment, Fix a décidé de faire son devoir. Il s'est approché du gentleman, a mis la main sur son épaule et a sorti son mandat :

– Vous êtes bien Phileas Fogg ? a-t-il dit.

– Oui, monsieur.

– Au nom de la *reine*, je vous arrête !

abandonner : ici : laisser
la reine : Victoria était la reine du Royaume-Uni à cette époque.

XIX : Le malheur et le bonheur

Phileas Fogg était en prison.

Au moment de l'arrestation, Mme Aouda, *épouvantée* n'avait rien compris. Quand elle a su que M. Fogg était arrêté comme voleur, la jeune femme a protesté et pleuré. Passepartout, lui, se reprochait de ne pas avoir *averti* son maître de la mission de l'inspecteur de police. Le pauvre garçon pleurait aussi.

Quant à M. Fogg, il était immobile, assis sur le banc de bois, sans colère, *résigné*... Il avait soigneusement posé sa montre sur une table et il regardait marcher les *aiguilles* avec un regard d'une fixité singulière. Sa situation était terrible...

A deux heures trente-trois minutes, il a entendu la voix de Passepartout et la voix de Fix.

La porte s'est ouverte. Fix était *hors d'haleine*. Il ne pouvait presque plus parler.

– Monsieur, a-t-il dit, pardon... Voleur arrêté depuis trois jours... vous... libre !

Phileas Fogg était libre. Il est allé vers l'inspecteur et l'a frappé de ses deux poings.

M. Fogg, Mme Aouda et Passepartout ont quitté la prison pour aller à la gare de Liverpool. Il était deux heures quarante... L'express était parti depuis trente-cinq minutes.

Alors, Phileas Fogg a commandé un train spécial.

Il fallait cinq heures et demie pour franchir la dis-

épouvanté : qui a très peur
avertir : donner un renseignement d'avance, prévenir
résigné : qui a accepté le fait
l'aiguille : une montre a deux aiguilles
hors d'haleine : qui ne peut plus respirer

tance Liverpool-Londres, quand la voie était libre. Mais il y a eu quelques retards forcés, et quand le gentleman est arrivé en gare de Londres, neuf heures moins dix sonnaient à toutes les *horloges*.

Phileas Fogg arrivait avec cinq minutes de retard. Il avait perdu.

Le gentleman avait reçu avec son calme habituel le coup qui le frappait. Ruiné ! Et par la faute de cet inspecteur de police !...

Le lendemain, Mme Aouda était *désespérée*. A certaines *paroles* prononcées par M. Fogg, elle avait compris qu'il pensait à se suicider. Elle l'avait raconté à Passepartout, qui, *sans en avoir l'air*, surveillait son maître...

Vers sept heures et demie du soir, M. Fogg a demandé à voir Mme Aouda. Son visage était très calme.

– Madame, a-t-il dit, me pardonnez-vous de vous avoir amenée en Angleterre ?

– Monsieur Fogg, a répondu la jeune femme, me pardonnez-vous de vous avoir suivi et de vous avoir retardé ?

– Madame, vous ne pouviez rester en Inde... Je sais... je suis ruiné, mais je désire vous laisser le peu de fortune qui me reste.

– Mais M. Fogg, que deviendrez-vous ?

– Moi, madame, je n'ai besoin de rien. Je n'ai pas d'amis, je n'ai plus de famille... Je sais ce qui me reste à faire.

– Monsieur Fogg, a dit alors Mme Aouda, en lui ten-

l'horloge : grosse montre. Big Ben par ex. est une horloge.
désespéré : qui n'a plus d'espoir
sans en avoir l'air : comme s'il ne le faisait pas

dant la main, voulez-vous à la fois d'une parente et d'une amie ? Voulez-vous de moi pour votre femme ?

Il y a eu un reflet *inhabituel* dans les yeux du gentleman, un tremblement sur ses lèvres. La sincérité, la droiture, la douceur de ce beau regard de femme courageuse, qui ose tout pour sauver celui à qui elle doit tout, l'ont étonné d'abord, puis touché... Il a pris sa main et il a dit simplement :

– Je vous aime !... et je suis tout à vous.

Et M. Fogg a sonné Passepartout et lui a demandé s'il n'était pas trop tard pour prévenir le *révérend* Samuel Wilson. Passepartout souriait de son plus grand sourire.

– Jamais trop tard, a-t-il dit.

Il n'était que huit heures cinq.

– Pour demain lundi ? a-t-il dit.

– Pour demain lundi.

Passepartout est sorti en courant.

inhabituel : spécial, particulier
le révérend : titre donné aux religieux de l'église anglicane

XX : Au Reform Club de Londres

Ce soir-là, les cinq collègues du gentleman étaient réunis depuis neuf heures dans le grand salon du Reform Club. Ils pouvaient entendre la foule au dehors. Car, depuis qu'on avait arrêté le vrai voleur, tout le monde *se passionnait* à nouveau pour le pari de Phileas Fogg.

– Messieurs, a dit Andrew Stuart, dans vingt minutes le délai convenu entre M. Phileas Fogg et nous *expirera.* Il n'est pas encore arrivé. Nous avons presque gagné...

– Attendons, a répondu Samuel Fallentin... Son *exactitude* est bien connue. Il n'arrive jamais ni trop tard, ni trop tôt...

A ce moment, l'horloge du salon a sonné huit heures quarante.

– Encore cinq minutes, a dit Andrew Stuart.

Les joueurs avaient pris les cartes, mais à chaque instant leur regard *se fixait* sur l'horloge.

– Huit heures quarante-trois ! a dit Thomas Flanagan...

– Huit heures quarante-quatre ! a dit John Sullivan d'une voix émue.

Ils avaient abandonné les cartes, ils comptaient les secondes.

A la quarantième seconde, rien, à la cinquantième, rien non plus !

A la cinquante-cinquième, on a entendu dehors des applaudissements, des hourras. Les joueurs se sont levés.

se passionner : être très intéressé par
expirer : s'achever, se terminer, finir
l'exactitude : le fait d'être exact, ponctuel, à l'heure
se fixer : regarder attentivement

A la cinquante-septième seconde, la porte du salon s'est ouverte et Phileas Fogg est apparu suivi de la foule en délire.

– Me voici, messieurs, a-t-il dit de sa voix calme.

Oui ! Phileas Fogg en personne.

On se rappelle qu'à huit heures cinq du soir, Passepartout est parti vers la maison du révérend Samuel Wilson. Celui-ci n'était pas encore rentré et Passepartout avait dû l'attendre vingt minutes au moins.

Il était huit heures trente-cinq quand il est sorti de la maison du révérend. Mais dans quel état ! sans chapeau, courant, courant comme un fou.

En trois minutes, il était de retour à la maison de Saville Row. Il ne pouvait presque plus parler.

– Mon maître... a balbutié Passepartout... *mariage*... impossible... pour demain.

– Pourquoi ?

– Parce que demain... c'est dimanche ! et aujourd'hui... samedi !

– Samedi ? impossible !

– Si, si, si ! s'est écrié Passepartout. Nous sommes arrivés avec vingt-quatre heures d'avance... mais il ne reste plus que dix minutes.

Et Passepartout avait entraîné son maître avec une force *irrésistible*...

Phileas Fogg avait donc accompli son tour du monde en quatre-vingt jours ! Phileas Fogg avait gagné son pari de vingt mille livres, à peu près la somme qu'il

le mariage : deux personnes qui décident de vivre ensemble peuvent se marier.
irrésistible : à laquelle on ne peut pas résister.

avait dépensée pour faire le tour du monde !

Comment un homme aussi précis avait-il pu commettre cette erreur ? La raison est fort simple. Phileas Fogg avait, « sans s'en douter », gagné un jour sur son itinéraire parce qu'il avait fait le tour du monde en allant vers l'est. En effet, on compte trois cent soixante degrés sur la circonférence terrestre. En allant vers l'est, les jours diminuent de quatre minutes chaque fois qu'on passe un degré. Et ces trois cent soixante degrés multipliés par quatre minutes donnent exactement vingt-quatre heures.

Ce soir-là même, M. Fogg, toujours aussi flegmatique, a dit à Mme Aouda :

– Ce mariage, vous convient-il toujours, madame ?

– Cher monsieur Fogg..., a dit la jeune femme

– Chère Aouda..., a répondu Phileas Fogg.

Et le mariage s'est fait quarante-huit heures plus tard et Passepartout, superbe, resplendissant, éblouissant, était le témoin de la jeune femme.

Questions

Chap. I - IV :

Qui est Phileas Fogg ?
Que se passe-t-il le 2 octobre 1872 ?
Dites ce que vous savez sur Phileas Fogg et Passepartout ?
Que fait Phileas Fogg au Reform Club ?
Les journaux anglais ont discuté un fait. Lequel ?
Que parie Phileas Fogg ? Avec qui ?
Quand Phileas Fogg et Passepartout partent-ils?
Qu'est-ce qu'ils prennent avec eux ?
Est-ce que M. Fogg est un homme tout à fait froid ?
Quelle est la réaction du public à l'annonce du pari ?
Qui est Fix et où se trouve-t-il ?
Qu'est-ce qu'il a envoyé à Londres ?
Pourquoi est-ce que Fix pense que Phileas Fogg est le voleur ?
Fix parle avec Passepartout. Qu'est-ce qu'il apprend ?
Quelle est la décision de Fix ?

Chap. V - X :

Est-ce que M. Fogg est arrêté à Bombay ?
Quelle est la mésaventure de Passepartout ?
Est-ce que Fix les suit à travers l'Inde ?
Qui est Sir Francis Cromarty ?
Pourquoi est-ce que le train s'arrête à Kholby ?
Quelle est la solution trouvée par Passepartout ?
Décrivez la procession à travers la forêt.
Que décide Phileas Fogg ?
Passepartout a une idée pour sauver Mme Aouda. Laquelle ?

Est-ce que le plan réussit ?
Décrivez Mme Aouda.
Ils ont un problème quand ils arrivent à Calcutta. Lequel ?
Qui est responsable ?
Qu'est-ce que Passepartout croit quand il rencontre Fix sur le Rangoon ?
Que fait Phileas Fogg à Hong Kong ?
Comment est-ce que Fix réussit à séparer Passepartout de Phileas Fogg ?

Chap. XI - XV :
Pourquoi est-ce que Phileas Fogg ne prend pas le Carnatic ?
Que fait-il alors ?
Qui part avec lui ?
Racontez leur traversée sur la Tankadère.
Que font-ils pour pouvoir prendre le General Grant ?
Qu'est-ce qui est arrivé à Passepartout ?
Que fait-il à Yokohama ?
Racontez la rencontre entre Passepartout et Phileas Fogg.
Quels sont les sentiments de Mme Aouda pour Phileas Fogg ?
Comment s'est passée la rencontre entre Passepartout et Fix sur le General Grant ?
Il y a des élections à San Francisco. Qu'est-ce qu'il arrive dans Montgommery Street ?
Cherchez des informations sur les Mormons dans une encyclopédie.
Le train rencontre deux obstacles. Lesquels ?

Chap. XVI - XX

Est-ce que le colonel Proctor et Phileas Fogg se battent en duel ?
Quel est le comportement des quatre personnes principales pendant la bataille contre les Sioux ?
Quelle décision prend Phileas Fogg, quand il voit que Passepartout a disparu ?
Quelles sont les pensées de Mme Aouda dans les heures qui suivent ?
Fix trouve une solution pour aller à Omaha. Laquelle ?
Est-ce que Phileas Fogg rattrape le China ?
Comment devient-il pirate ? Est-il un vrai pirate ?
Que fait Fix à Liverpool ? Pourquoi ?
Phileas Fogg est libéré. Qu'est-ce qui s'est passé ?
Atteint-il Londres avant 8 h 45 ?
Quelle est sa réaction ?
Le lendemain, qu'est-ce que Mme Aouda lui propose ?
Est-il ému ?
Qu'est-ce que Passepartout apprend chez le révérend ?
Quelle est l'atmosphère au Reform Club ?
A quelle heure arrive M. Fogg ?
Pouquoi a-t-il gagné ?
Quelle est la morale de l'histoire ?

Activités

1.
Décrivez les quatre personnages principaux.

2.
Trouvez tous les mots qui se rapportent aux transports :
– par train,
– par bateau.

3.
Décrivez le monde de cette époque en vous inspirant des dessins suivants :
– Arrivée à la gare de Londres
– La procession dans la forêt du Bundelkund
– Le port de Hong Kong
– La ville de Yokohama
– Montgommery Street
Est-ce qu'il y a autant de différences aujourd'hui entre les différentes parties du monde ?

4.
Préparez un voyage autour du monde. L'itinéraire, les moyens de transport, la valise ou sac de voyage et son contenu.

5.
Mettez les verbes des phrases suivantes au futur :
– Je suis débrouillard.
– Je suis devenu professeur de gymnastique.

– La conversation reprenait.
– Le bateau va directement à Bombay.
– Mais il y a d'autres navires.
– Je vous engage.
– La neige tombait plus fort.

6.
Que pensez-vous des remarques de l'auteur sur les habitants ou les coutumes des pays qu'il décrit ?

EASY READERS *Danemark*

ERNST KLETT SPRACHEN *Allemagne*

ARCOBALENO *Espagne*

LIBER *Suède*

EMC CORP. *États-Unis*

PRACTICUM EDUCATIEF BV. *Hollande*

EUROPEAN SCHOOLBOOKS PUBLISHING LTD. *Royaume-Uni*

WYDAWNICTWO LEKTORKLETT *Pologne*

KLETT KIADO KFT. *Hongrie*

NÜANS PUBLISHING *Turquie*

ALLECTO LTD. *Estonie*

Un EASY READER a été abrégé et simplifié pour en faire une lecture à la portée des étudiants en français. Les structures et les mots et expressions employés sont parmi les plus courants de la langue française. Les mots peu usuels ou difficiles à comprendre sont expliqués par des dessins ou des notes.
Voir la liste des ouvrages parus en page 3 de la couverture.
Pour vos études ... pour votre plaisir ...
Perfectionnez votre français ... grâce à EASY READERS.
Les EASY READERS sont également en vente en allemand, anglais, espagnol, italien et russe.

TITRES DÉJA PARUSÉ :
Alphonse Daudet: Lettres de mon moulin (A)
Maurice Druon: Tistou - Les pouces verts (A)
Anatole France: Le livre de mon ami (A)
Julien Green: Christine - Léviathan (A)
Jules Renard: Poil de carotte (A)
Georges Simenon: La rue aux trois poussins (A)
Jules Supervielle: Le voleur d'enfants (A)
Alain-Fournier: Le grand Meaulnes (B)
David Bisson: L'enfant derrière la porte (B)
Pierre Boulle: La planète des singes (B)
Évelyne Brisou-Pellen: Un si terrible secret (B)
Marie Cardinal: La clé sur la porte (B)
Jean Cocteau: Les enfants terribles (B)
Jean-Marie Defossez: Pour tout l'or du monde (B)
Marguerite Duras: Hiroshima mon amour (B)
Christian Grenier: Urgence (B)
Gudule: La vie à reculons (B)
Yaël Hassan: De l'autre côté du mur (B)
Maurice Leblanc: Arsène Lupin gentleman-cambrioleur (B)
Hector Malot: Sans famille (B)
Hervé Mestron: Le mystère Primrose (B)
Ollivier & Clarinard: E-den (B)
Fred Paronuzzi: Un cargo pour Berlin (B)
Raymond Radiguet: Le diable au corps (B)
Christiane Rochefort: Les petits enfants du siècle (B)
Georges Simenon: Enigmes (B)
Georges Simenon: Maigret et le clochard (B)
Georges Simenon: Maigret et le fantôme (B)
Dominique Torres: Tu es libre ! (B)
Jules Verne: Le tour du monde en 80 jours (B)
Anne-Laure Bondoux: Le temps des miracles (C)
Anne-Laure Bondoux: Les larmes de l'assassin (C)
Marie Cardinal: La souricière (C)
Isabelle Chaillou: Le dernier défi (C)
Régine Deforges: La bicyclette bleue (C)
Alexandre Dumas: Les trois mousquetaires (C)
Romain Gary (Emile Ajar): La vie devant soi (C)
Guy de Maupassant: Contes du jour et de la nuit (C)
Marcel Pagnol: Le château de ma mère (C)
Marcel Pagnol: Jean de Florette (C)
Marcel Pagnol: Manon des sources (C)
Françoise Sagan: Musiques de scènes (C)
Jean-Paul Sartre: Le mur (C)
Emile Zola: Trois nouvelles (C)
Honoré de Balzac: Le père Goriot (D)
Henri Charrière: Papillon (D)
Guy de Maupassant: Mon oncle Jules et autres nouvelles (D)
Boris Vian: L'écume des jours (D)

Pour cause de droits d'auteur quelques-uns des titres susmentionnés ne sont pas en vente dans tous les pays participants. Prière de consulter le catalogue de votre éditeur local.